AF282960

SGBD e instalación

Rafael Ángel Prieto de Lope

ic editorial

SGBD e instalación
© Rafael Ángel Prieto de Lope

1ª Edición

© IC Editorial, 2025

Editado por: IC Editorial
c/ Cueva de Viera, 2, Local 3
Centro Negocios CADI
29200 Antequera (Málaga)
Teléfono: 952 70 60 04
Fax: 952 84 55 03
Correo electrónico: iceditorial@iceditorial.com
Internet: www.iceditorial.com

ISBN: 978-84-1184-682-0
Depósito Legal: MA-490-2025

Impresión: PODiPrint
Impreso en Andalucía – España

Nota de la editorial: IC Editorial pertenece a Innovación y Cualificación S. L.

Presentación del manual

El **Certificado de Profesionalidad** es el instrumento de acreditación, en el ámbito de la Administración laboral, de las cualificaciones profesionales del Catálogo Nacional de Cualificaciones Profesionales adquiridas a través de procesos formativos o del proceso de reconocimiento de la experiencia laboral y de vías no formales de formación.

El elemento mínimo acreditable es la **Unidad de Competencia.** La suma de las acreditaciones de las unidades de competencia conforma la acreditación de la competencia general.

Una **Unidad de Competencia** se define como una agrupación de tareas productivas específica que realiza el profesional. Las diferentes unidades de competencia de un certificado de profesionalidad conforman la **Competencia General,** definiendo el conjunto de conocimientos y capacidades que permiten el ejercicio de una actividad profesional determinada.

Cada **Unidad de Competencia** lleva asociado un **Módulo Formativo,** donde se describe la formación necesaria para adquirir esa **Unidad de Competencia,** pudiendo dividirse en **Unidades Formativas.**

El presente manual desarrolla la Unidad Formativa **UF1469: SGBD e instalación,**

perteneciente al Módulo Formativo **MF0224_3: Administración de sistemas gestores de bases de datos,**

asociado a la unidad de competencia **UC0224_3: Configurar y gestionar un sistema gestor de bases de datos,**

del Certificado de Profesionalidad **Administración de bases de datos.**

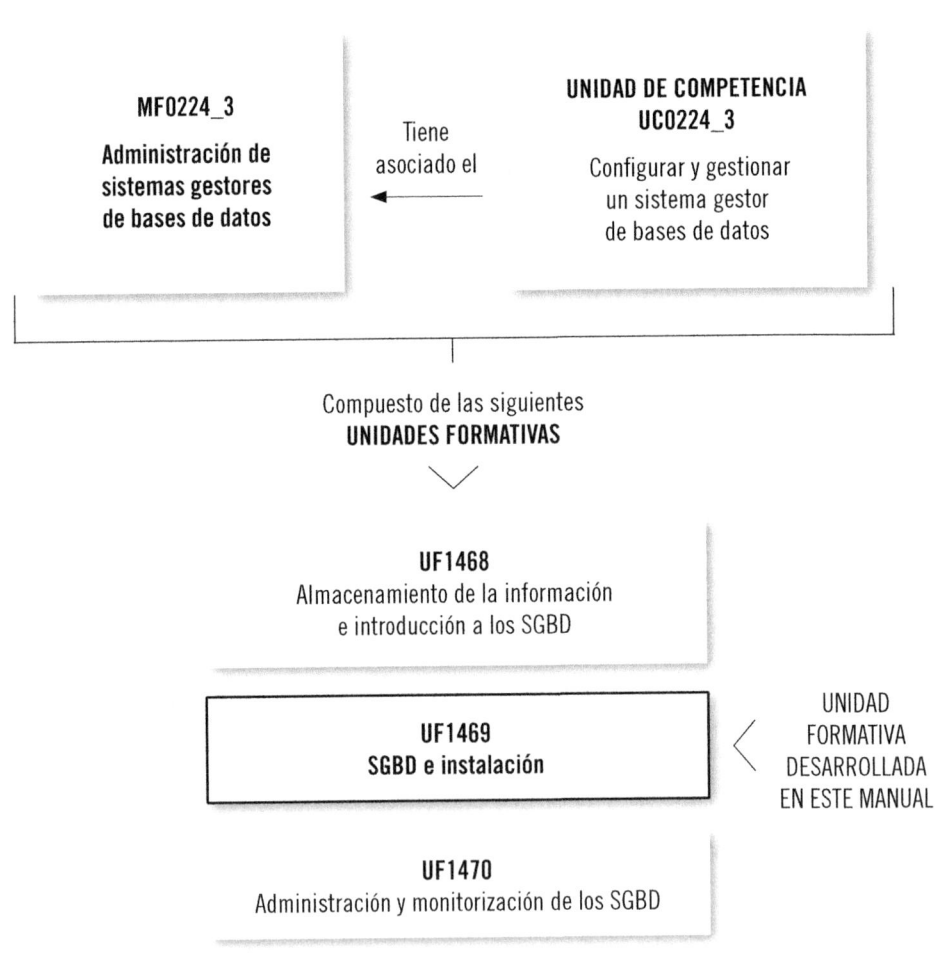

FICHA DE CERTIFICADO DE PROFESIONALIDAD

(IFCT0310) ADMINISTRACIÓN DE BASES DE DATOS (R. D. 1531/2011, de 31 de octubre modificado por el R. D. 628/2013, de 2 de agosto)

COMPETENCIA GENERAL: Administrar un sistema de bases de datos, interpretando su diseño y estructura, y realizando la adaptación del modelo a los requerimientos del sistema gestor de bases de datos (SGBD), así como la configuración y administración del mismo a nivel físico y lógico, a fin de asegurar la integridad, disponibilidad y confidencialidad de la información almacenada.

Cualificación profesional de referencia		Unidades de competencia	Ocupaciones o puestos de trabajo relacionados:
IFC079_3 ADMINISTRACIÓN DE BASE DE DATOS	UC0223_3	Configurar y explotar sistemas informáticos	• Administrador de bases de datos • Técnico en Data Mining (minería de datos) • Analista orgánico
(R. D. 295/2004, de 20 de febrero y modificaciones R. D. 1087/2005, de 16 de septiembre)	UC0224_3	Configurar y gestionar un sistema gestor de bases de datos	
	UC0225_3	Configurar y gestionar la base de datos	

Correspondencia con el Catálogo Modular de Formación Profesional

Módulos certificado	Unidades formativas	Horas
MF0223_3: Sistemas operativos y aplicaciones informáticas	UF1465: Computadores para bases de datos	60
	UF1466: Sistemas de almacenamiento	70
	UF1467: Aplicaciones microinformáticas e Internet para consulta y generación de documentación	40
MF0224_3: Administración de sistemas gestores de bases de datos	UF1468: Almacenamiento de la información e introducción a los SGBD	50
	UF1469: SGBD e instalación	70
	UF1470: Administración y monitorización de los SGBD	80
	UF1471: Bases de datos relacionales y modelado de datos	70
MF0225_3: Gestión de bases de datos	UF1472: Lenguajes de definición y modificación de datos SQL	60
	UF1473: Salvaguarda y seguridad de los datos	70
MP0313: Módulo de prácticas profesionales no laborales		80

Índice

Capítulo 4
Instalación de un SGBD

Capítulo 5
Descripción de los mecanismos de comunicación del SGBD

Capítulo 1

Sistemas gestores de base de datos

Contenido

1. Introducción

En el desarrollo de este capítulo se estudiarán los Sistemas de Gestión de Base de Datos (en adelante SGBD). Se verá su historia, el motivo de su aparición y sus funciones, estructura y principales arquitecturas. Los SGBD de mayor peso que existen en el mercado son *MySQL, Oracle* y *SQL Server,* aunque hay otros SGBD como por ejemplo: *PostgreSQL, Microsoft Access, CouchDB y MongoDB.*

Es importante diferenciar entre el concepto de base de datos entendido como una colección de datos relacionados entre sí, y un Sistema de Gestión de Base de Datos (SGBD) que es el *software* que controla y gestiona el acceso a la base de datos, y cuyo papel es cada vez más importante en el correcto funcionamiento de las aplicaciones actuales.

2. Introducción a la historia y evolución de los SGBD

Hace unos años las empresas e instituciones usaban para almacenar la información un sistema de almacenamiento de archivos, sistema que permitía almacenar y estructurar toda la información además de poder realizar operaciones con estos archivos. Sin embargo, este sistema está en desuso debido a una serie de inconvenientes respecto a los actuales SGBD.

Algunos de estos inconvenientes son:

- **Redundancia e inconsistencia de datos:** pueden repetirse datos en diferentes archivos con el coste que ello provoca, además, se puede dar el caso de que esa duplicidad conlleve una incoherencia o inconsistencia entre los archivos duplicados.
- **Concurrencia:** cuando varios usuarios acceden a un mismo dato para modificarlo o borrarlo puede dar lugar a fallos de estado, sobre todo si el sistema operativo no es *Unix.*
- **Atomicidad:** esta es la propiedad que indica si una operación se ha realizado o no, y es clave en caso de fallo del sistema para saber si esa operación se ha realizado o por el contrario no lo ha hecho, en otras palabras,

ciertas operaciones no pueden quedar a medias. Esta propiedad es complicada hacerla cumplir en un sistema de archivos tradicional.

- **Seguridad:** es difícil garantizar y mantener en el tiempo que ciertos archivos solo sean accesibles por determinados usuarios.

- **Dificultad en el acceso:** ciertas consultas pueden llegar a ser muy complicadas de realizar en este tipo de almacenamiento de la información.

 Sabía que...

Los SGBD tienen su origen en la misión espacial Apolo, que llevo al hombre a la luna a finales de los años 60, debido a la inmensa cantidad de datos que había que manejar en este tipo de misiones. Fue la empresa NAA la encargada de desarrollar este *software*.

Misión Apolo, primer SGBD

A finales de los 60 IBM se unió a NAA para desarrollar IMS *(Information Management System),* creando IBM su primer SGBD que al igual que el SGBD de NAA estaba basado en un modelo jerárquico, modelo que se estudiará más adelante.

También en estas mismas fechas nació el proyecto IDS *(Integrated Date Store)* dirigido por Charles Bachman, una de las personas más influyentes en los recién nacidos SGBD. IDS se basaba en un sistema de red frente al sistema jerárquico de NAA. Este proyecto de IDS fue una primera aproximación a CODASLY, que era un estándar creado por el gobierno de EE. UU. y el mundo empresarial en 1971. Fue el nacimiento del primer SGBD en red. Al poner en funcionamiento estos SGBD en red aparecía el primer registro de la base de datos, que a su vez tenía punteros hacia otros registros, y así sucesivamente se podía ir aproximando al dato buscado. Ambos sistemas, en red y jerárquico, se englobaron posteriormente en base de datos de navegación.

En la década de los 70 se produjo una revolución en los SGBD: nace el concepto de base de datos relacional y el lenguaje *SQL.* Edgar Codd, descontento con la eficiencia de CODASLY, sobre todo a la hora de buscar un dato, observaba que las listas encadenadas no eran la mejor forma de almacenar la información. Codd creó un nuevo sistema en el que existían tablas con una clave que las enlazaba con otras tablas, nace el modelo relacional.

Posteriormente, el artículo escrito por Codd sobre el modelo relacional llegó a Eugene Wong y Michael Stonebraker. Ambos inician el proyecto INGRES que crea un lenguaje de acceso a datos *QUEL* y que posteriormente derivaría en SQL. IBM lanza su nueva generación de SGBD en 1975 basándose en el nuevo concepto relacional llamado *System R.* Este proyecto, antecesor a *Database2* (DB2), no es perfecto, presenta algunos inconvenientes principalmente a la hora de modelar el diseño. Una primera solución a esto la da el investigador Chen en 1976 con su propuesta de lenguaje de modelado denominado Entidad-Relación. Este modelo es usado hoy en día y está ampliamente aceptado para el diseño de base de datos.

En la década de los 80 nacen los SGBD orientado a objetos, ofreciendo muchas de las ventajas que este modelado tiene como lenguaje. También a finales de esta década dos investigadores norteamericanos muestran en una conferencia las ventajas de tener una pequeña base de datos, copia de la original, para mejorar las prestaciones. Este fue el origen de la indexación que hoy día prácticamente todos los SGBD incorporan.

Por último destacar los SGBD *NoSql* y a *XML*. El primero usa un modelado no relacional, normalmente basado en Clave-Valor y base de datos orientada a documentos. Por otro lado, las bases de datos *XML* que surgen en 2010, también con modelado *NoSql,* usan el lenguaje *XML* como formato de almacenamiento.

Actualmente, las bases de datos documentales han experimentado un gran recibimiento, debido a su gran escalabilidad. Algunas de estas bases de datos son *MongoDB, Apache Cassandra* o *Redis.*

 Actividades

1. Busque en internet al menos cuatro SGBD de *software* libre y otros cuatro SGBD de tipo comercial.

3. Enumeración y descripción de las funciones de los SGBD

Codd en 1985 publica las doce reglas que debe satisfacer cualquier SGBD relacional. Aunque estas reglas van enfocadas a los SGBD relacionales, se pueden extraer de ellas las funciones que todo SGBD, sea o no relacional, debe cumplir:

- **Almacenamiento, extracción y actualización datos:** es esta la función más importante que todo SGBD debe ofrecer a los usuarios sin que este deba conocer los detalles técnicos de la implementación, como por ejemplo la organización de los archivos.
- **Soporte transacciones:** las transacciones son un conjunto de acciones llevadas a cabo sobre una base de datos por un único usuario o aplicación, de tal manera que todas estas acciones deben realizarse, o por el contrario ninguna, pero bajo ningún concepto pueden quedar a medias.
Un ejemplo muy ilustrativo de transacción se observa en las operaciones bancarias, si se hace una transferencia de una cuenta bancaria a otra

se producen dos acciones, decremento del saldo de la cuenta origen y aumento del saldo de la cuenta destino. Como consecuencia, o se hacen ambas acciones o no se hace ninguna.

- **Catálogo accesible al usuario:** los usuarios autorizados deben tener acceso a la estructura de la base de datos. El catálogo del sistema es un componente de gran peso dentro de los SGBD. Este pueden contener:

  - Acceso de los usuarios a la base de datos.
  - Los elementos y tipo de acciones **(insert – update – delete – select)** que un usuario tiene asignado.
  - Nombres, tipos, tamaños y descripción de los diferentes elementos.
  - Estadísticas sobre transacciones, uso, accesos, etc.

- **Garantizar la concurrencia:** los SGBD deben controlar y garantizar la concurrencia.
  La concurrencia sucede cuando se accede a un mismo recurso de forma paralela. Un SGB debe controlar que no existan anomalías cuando esto sucede.

- **Independencia de los datos:** existen dos tipos de independencia de los datos: lógica y física:

  - Independencia física: se deberían poder cambiar, por ejemplo, diferentes dispositivos de almacenamiento sin tener que modificar nada de la estructura lógica de la base de datos, de manera que el usuario pueda notar un cambio en las prestaciones pero nada más.
  - Independencia lógica: cambios en el esquema conceptual, es decir, añadir o eliminar nuevas entidades, atributos o relaciones, no deberían afectar a los usuarios que no tienen acceso a los elementos modificados. Esta independencia es muy complicada alcanzarla.

- **Seguridad:** un SGBD debe proporcionar un mecanismo para recuperar la base de datos en caso de la pérdida provocada por cualquier anomalía o accidente. Por otro lado se debe garantizar que solo los usuarios autorizados accedan a la base de datos, así como no permitir el acceso de un usuario a un elemento o función a la que no esté estrictamente autorizado.

- **Procesamiento distribuido:** un SGBD debe permitir integrarse, al menos, con varios DCM *(Data Communication Manager)* o gestores de comunicaciones, que es el *software* encargado de establecer una comunicación vía mensajes entre la máquina donde se encuentra el SGBD y el equipo remoto o equipo de una red de área local.
- **Integridad:** este concepto hace referencia a la coherencia y corrección de los datos almacenados en una base de datos. Esta integridad se suele expresar mediante restricciones. Por ejemplo, no permitir que el salario de un empleado supere los 100.000 € mensuales.

 Actividades

2. Piense en uno o varios escenarios reales donde se pueda dar o usar la integridad de los datos, concurrencia, integridad, seguridad y transacciones.
3. Si usase el SGBD en su equipo de manera local, ¿qué funciones de las descritas en el punto anterior no serían fundamentales?

4. Clasificación de los SGBD

Los SGBD pueden clasificarse en función del modelo de datos, dependiendo del número de usuarios al que da servicio (monousuario o multiusuario), atendiendo a si es un sistema distribuido o centralizado, y por último, a si la gestión de los procesos es multihilo y multiproceso.

4.1. Modelo de datos

Un **modelo** es una representación de la realidad. El modelo de datos debe permitir a los diseñadores de base de datos y a los usuarios finales comunicar e interactuar de forma precisa y no ambigua con la base de datos. Los modelos de datos tienen tres componentes:

- Una **parte estructural,** que está compuesta por un conjunto de reglas que definen como debe construirse una base de datos.
- Una **parte operacional,** que define las operaciones que pueden realizarse sobre los datos.
- Una **parte de restricciones,** para dar mayor integridad a los datos.

En la literatura técnica se han propuesto varios modelos de datos que se podrían clasificar en dos grandes grupos: los basados en objetos y los basados en registros.

Modelo de datos basados en objetos

Los modelos de datos basados en objetos utilizan conceptos como entidades, relaciones y atributos. La entidad es un objeto singular, como por ejemplo, una persona, un concepto, una cosa, etc. La relación es una asociación entre entidades, y los atributos son una propiedad relevante de la entidad. Algunos de los modelos de datos basados en objetos más destacados son:

- Entidad-Relación
- Orientado a objetos
- Funcional

De estos, quizás el más popular para el diseño de base de datos es el modelo Entidad-Relación. Para representar este modelo la notación más usada es UML *(Unified Modeling Language).*

Entidad-Relación

Es probablemente el modelo más usado para el diseño de base de datos. Este modelo, creado por Chen en 1976, emplea tres conceptos básicos: entidad, atributos y relaciones.

La entidad es cualquier objeto real o abstracto del cual merece la pena guardar información. Cada entidad cuenta con un conjunto de propiedades llamadas atributos, por último, lo que asocia a una serie de entidades sería la relación, además, cada relación podría tener atributos.

Cada entidad debe tener un atributo principal llamado clave principal o clave primaria. Este atributo lo selecciona el diseñador y debe servir para distinguir a cada una de las entidades de un conjunto. Un ejemplo típico de la clave principal podría ser la entidad "Persona", con varios atributos (nombre, apellidos, sexo, etc.) y donde la clave principal sería el NIF.

Las relaciones pueden ser n-arias, aunque en la práctica las formas más habituales son las relaciones binarias, ternarias o recursivas, siendo las binarias las más comunes y más usadas. En las relaciones binarias hay dos entidades y una relación entre ellas, en las ternarias, intervienen tres entidades y una relación, y por último, en las relaciones recursivas hay una única entidad y una relación. El aspecto sería:

▪ **Binaria:**

Relación binaria

▪ **Ternaria:**

Relación ternaria

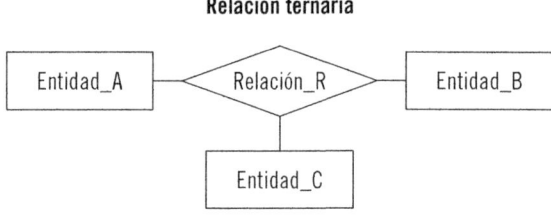

▪ **Recursiva:**

Relación recursiva

Las relaciones introducen el concepto de cardinalidad, que expresa el número de entidades a las que otra entidad se puede asociar mediante un conjunto de relaciones. Pueden ser: uno-uno, uno-varios, varios-uno y varios-varios (1:1, 1:N, N:1 y N:N).

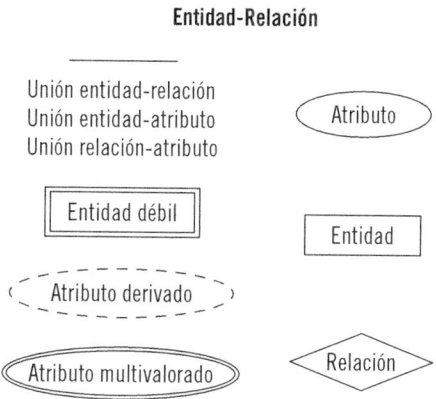

Entidad-Relación

Los símbolos usados para representar de manera gráfica el modelo Entidad-Relación serían:

Algunos conceptos más asociados a este modelo son:

- **Entidad débil:** es aquella cuya existencia depende de otra. Por ejemplo, relacionado con el sector de la banca, un pago o cuota de un préstamo sería una entidad débil de préstamo, ya que si no existiese el préstamo, no tendría sentido el pago o cuota.
- **Atributo derivado:** es un atributo cuyo valor se genera a partir de otro atributo, por ejemplo, volviendo a la entidad "Persona", el atributo "edad" sería derivado del atributo "fecha de nacimiento".
- **Atributo multivalorado:** son aquellos atributos que, como su nombre indica, tienen más de un valor. Un ejemplo típico sería el número de teléfono.

Ejemplo

Un ejemplo sencillo de diagrama Entidad-Relación podría ser representar los clientes de una entidad bancaria y su cuenta o cuentas corrientes:

Ejemplo Entidad-Relación

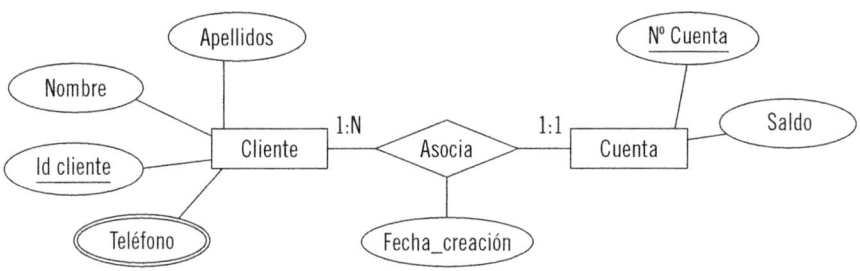

Se observan en el ejemplo las entidades "Cliente" y "Cuenta" con sus atributos, su clave primaria ("Id_cliente" y "Num_cuenta") y atributo multivalorado ("Teléfono"). Además, la relación que los une, que este caso lleva un atributo ("Fecha_creación"), es binaria, y la cardinalidad se interpreta de la siguiente forma: un cliente tiene asociada una o varias cuentas (1:N), y una cuenta, en este ejemplo, tiene asociada a un solo cliente (1:1).

Actividades

4. Piense un ejemplo donde sería apropiado usar una entidad débil.

Orientado a objetos y funcional

Está basado en el concepto de orientación a objetos, y con este concepto nacieron los SGBDOO (Sistemas Gestores de Bases de Datos Orientados a

Objetos). No se entrará en detalles sobre la orientación a objetos porque no es motivo de estudio de la presente materia.

En cuanto al modelo funcional, este es una técnica basada en objetos también, e incluye conceptos como la herencia, sobrecarga y acceso navegacional.

Modelo de datos basado en registros

Los modelos de datos basados en registros tienen una serie de registros de formato fijo. Cada tipo de registro define un número de campos, cada uno con una longitud también establecida. Los tres tipos principales de modelos de datos basados en registros son:

- Modelo de datos relacional.
- Modelo de datos en red.
- Modelo de datos jerárquico.

Modelo de datos relacional

Está basado en el concepto de las relaciones matemáticas. En el modelo relacional los datos y las relaciones se representan mediante tablas. Cada una de estas tablas tiene un número de columnas determinado con nombre único dentro de la propia tabla y cada columna representa los atributos o propiedades al igual que en el modelo de datos basado en objetos.

Ejemplo

Trata sobre los empleados de una entidad bancaria. En las columnas se indican varios aspectos relevantes sobre estos, como son el nombre, el apellido, la fecha de nacimiento y el DNI. En la tabla de más abajo se representan las entidades bancarias donde estos empleados podrían estar destinados.

Continúa en página siguiente >>

<< Viene de página anterior

Tabla de empleados

Nombre	Apellido	Fecha_nac	Dni	Num_sucursal
Angie	García	05/07/1975	47483498E	12AB
Jesús	Fuentes	29/12/1988	40003498P	12AB
Javier	Morales	05/08/1974	42883407Y	458U
María Soledad	Rubio	01/02/1982	37483400H	89TY
Francisco Javier	Pérez	05/02/1979	44834698T	01MN

Tabla de sucursales

Num_sucursal	Calle	Ciudad
12AB	Los Palacios 1	Utrera
458U	Preciosa 2	Utrera
89TY	Rueda 5	Rota
01MN	Rubio 1	Torremolinos

Ejemplo esquema relacional

Como se observa, para indicar una relación entre los empleados del banco y las sucursales bancarias se usa la columna "Num_sucursal".

Modelo de datos en red

El modelo en red representa los datos como colecciones de registros, y las relaciones mediante conjuntos. Los registros se organizan como grafos. En la siguiente imagen se representa el modelo de datos en red:

Ejemplo esquema en red

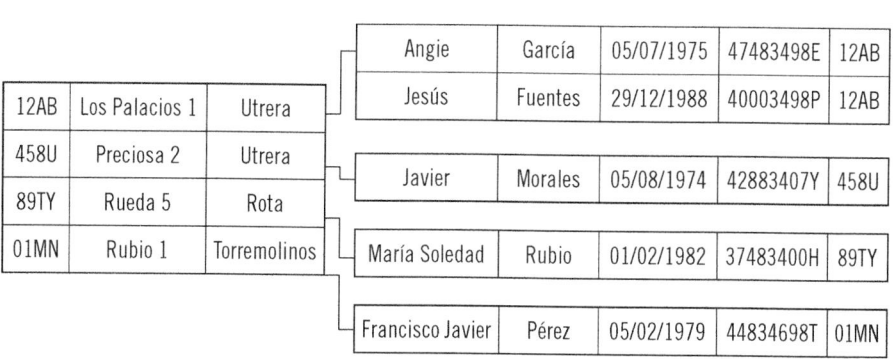

Modelo de datos jerárquico

El modelo de datos jerárquico es un tipo restringido del modelo en red, por lo que los datos se representan como colecciones de registros y las relaciones como conjuntos, con la salvedad que este modelo solo permite que cada nodo tenga un solo padre.

Ejemplo esquema jerárquico

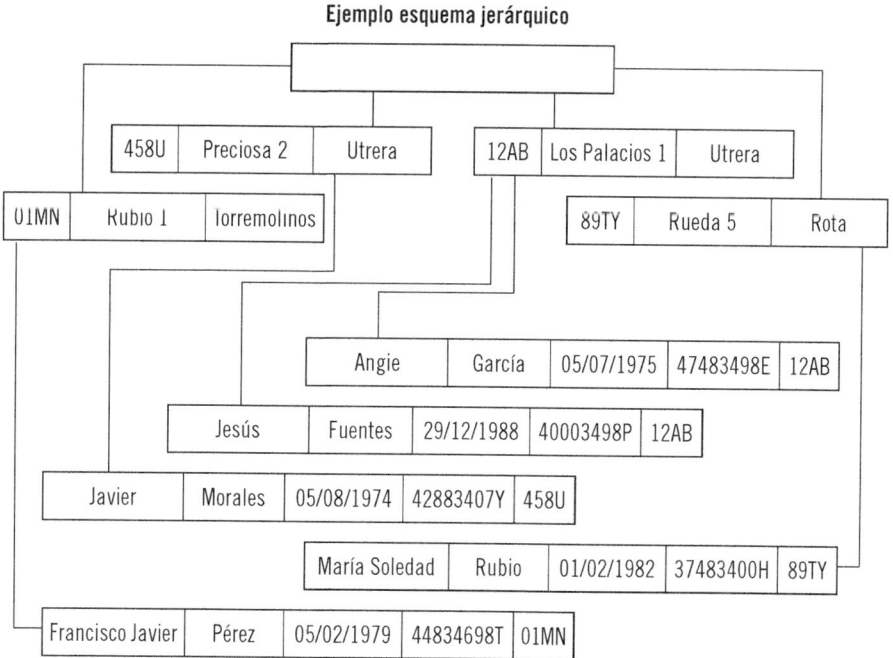

4.2. Número de usuarios a los que da servicio: monousuario y multiusuario

En general los SGBD se comportan de manera que soportan más de un usuario, solo en el caso de ordenadores personales puede darse la situación de tener un SGBD monousuario, por lo que directamente se mostrarán los SGBD con arquitectura multiusuario. En concreto, se analizarán las arquitecturas de cliente-servidor y servidor de archivos.

Arquitectura cliente-servidor

La arquitectura cliente-servidor es muy usada en los sistemas de infor-mación actuales: un cliente que solicita o necesita un servicio o recurso y un servidor que lo facilita. Generalmente, el servidor se encuentra situado en una máquina y el cliente o clientes en otra. En esta situación se puede dar el caso de que clientes y servidor estén en la misma red (LAN, red de área local), o por el contrario, que no estén en la misma red, lo que provocaría llevar a cabo por parte de la empresa/institución una política específica de seguridad.

Dentro de la arquitectura cliente-servidor se pueden destacar dos formas diferentes de implementarla, una con dos capas y otra con tres capas.

Arquitectura cliente-servidor dos capas

Es la arquitectura estándar del modelo cliente-servidor, donde el clien-te presenta los datos al usuario y el servidor es el responsable de suminis-trarlos usando como canal una red.

 Nota

La arquitectura cliente-servidor se puede implementar en dos, tres o más capas, aunque en este capítulo solo se profundizará en las arquitecturas de dos y tres capas, ya que aumentar el número de capas a cuatro o cinco no aportaría ninguna novedad respecto al SGBD.

Ejemplo

Una muestra de cómo interactúa la arquitectura cliente-servidor en dos capas podría ser:

I El usuario se conecta al servidor donde se encuentra el SGBD.
I El servidor establece la conexión llevando a cabo el proceso de autenticación.
I El usuario escribe una sentencia en SQL o en otro lenguaje y la ejecuta contra el servidor.
I El cliente verifica la correcta sintaxis y genera una solicitud al servidor.
I La solicitud llega al servidor, que acepta y procesa la solicitud comprobando la autorización, posible actualización, etc. y envía al cliente la respuesta.
I El cliente formatea los resultados y los muestra al usuario.

Este ejemplo se resume en la siguiente imagen:

Arquitectura cliente-servidor dos capas

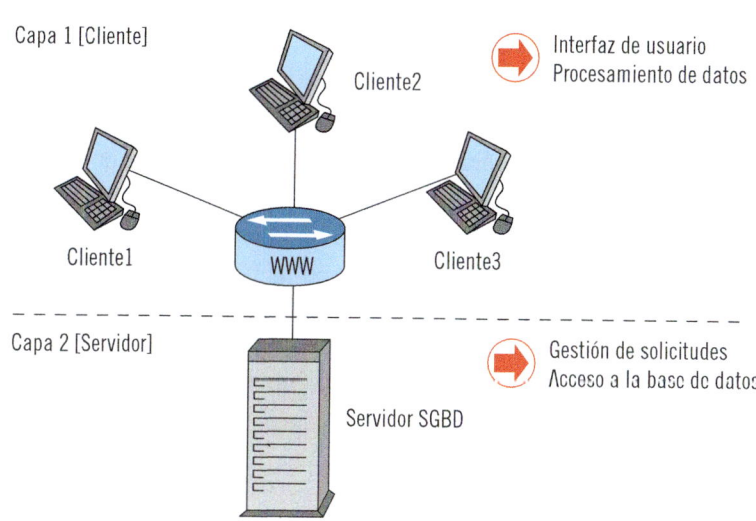

Arquitectura cliente-servidor

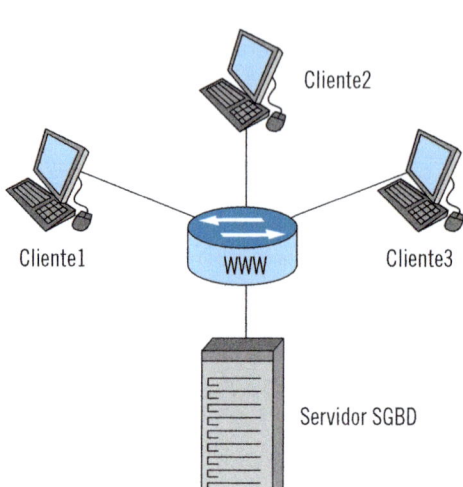

Cliente2

Cliente1 WWW Cliente3

Servidor SGBD

Arquitectura cliente-servidor tres capas

Esta arquitectura surgió a mediados de los años 90. El motivo principal fue que cada vez aumentaba más el número de clientes que instituciones y empresas gestionaban, en otras palabras, el problema era la escalabilidad, es decir, cuando el sistema crecía en cuanto al número de usuarios, la calidad del servicio disminuía, la arquitectura cliente-servidor de dos capas no soportaba un volumen elevado de usuarios.

Como solución a este problema se añadiría una tercera capa, comúnmente llamada servidor de aplicaciones, así la arquitectura a tres capas quedaría así:

- **Capa 1:** el cliente se encarga únicamente de mostrar la información formateada al usuario.
- **Capa 2:** servidor de aplicaciones. Se suele ejecutar en un servidor intermedio y se encarga del procesamiento de datos.
- **Capa 3:** servidor SGBD que continúa, al igual que en la arquitectura de dos capas, con la validación y acceso a la base de datos.

Arquitectura cliente-servidor tres capas

Capa 1 [Cliente]

Cliente2

Interfaz de usuario

Cliente1   WWW   Cliente3

Capa 2
[Servidor intemedio]

Procesamiento de datos

Servidor Aplicaciones

WWW

Capa 3
[Servidor SGBD]

Gestión solicitudes
Acceso a la base de datos

Servidor SGBD

Las **ventajas** que esta arquitectura presenta respecto a la arquitectura tradicional de dos capas son las siguientes:

- **Ahorro económico en *hardware*,** ya que los clientes no necesitan una máquina de cierta potencia para la instalación del cliente, el cliente es más ligero.
- Al existir tres capas independientes es **más sencillo cambiar una de las capas.**
- Al repartir o separar en dos capas las funciones del SGBD y de la lógica de la aplicación se puede **equilibrar mejor la carga de procesamiento.**
- **Se adapta perfectamente a las aplicaciones web,** ya que por ejemplo, el cliente ligero sería el navegador, por otro lado estaría el servidor web, que sería el servidor de aplicaciones o intermedio, y por último, el servidor de base de datos donde está alojado el SGBD.

Actividades

5. Indique si se podría implementar una aplicación web en una arquitectura cliente-servidor de dos capas.

Arquitectura de servidor de archivos

La arquitectura de servidor de archivos se suele desarrollar en una **red de área local (LAN).** En esta red hay un servidor de archivos central, y el resto de equipos tendrían un SGBD completo instalado pero con los datos almacenados en el servidor de archivos. Este servidor de archivos se comporta exactamente igual que un disco duro compartido.

El principal problema que esta arquitectura genera es la carga de procesamiento, ya que en la red el tráfico es muy elevado, y tareas como la concurrencia, integridad o recuperación son mucho más complejas con varios equipos SGBD accediendo a los mismos archivos.

Arquitectura servidor de archivos

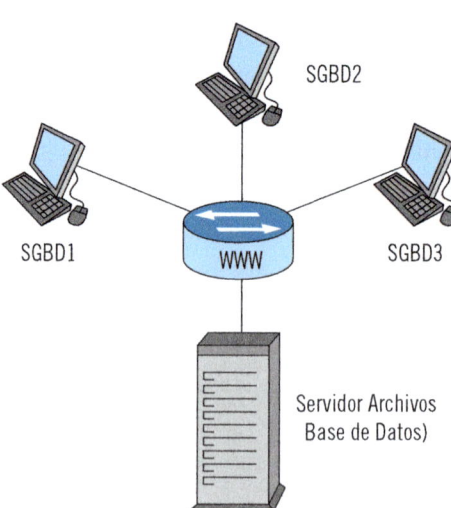

SGBD2

SGBD1

WWW

SGBD3

Servidor Archivos
Base de Datos)

Ejemplo

Para entender mejor el funcionamiento de esta arquitectura se usarán los datos de la tabla anterior:

Un usuario solicita el nombre de todos los empleados que trabajan en las oficinas de Utrera. Esta solicitud en formato SQL sería:

SELECT e.Nombre, e.Apellido FROM empleados e, sucursales s WHERE s.ciudad ='Utrera'.

Tabla de empleados

Nombre	Apellido	Fecha_nac	Dni	Num_sucursal
Angie	García	05/07/1975	47483498E	12AB
Jesús	Fuentes	29/12/1988	40003498P	12AB
Javier	Morales	05/08/1974	42883407Y	458U
María Soledad	Rubio	01/02/1982	37483400H	89TY
Francisco Javier	Pérez	05/02/1979	44834698T	01MN

Tabla de sucursales

Num_sucursal	Calle	Ciudad
12AB	Los Palacios 1	Utrera
458U	Preciosa 2	Utrera
89TY	Rueda 5	Rota
01MN	Rubio 1	Torremolinos

Teniendo en cuenta que el servidor de archivos no gestiona ni entiende el lenguaje SQL, el SGBD solicita al servidor de archivos los ficheros de la relación empleados y sucursales en lugar de solicitar únicamente los nombres de los empleados que cumplen el criterio de la consulta.

 **Actividades**

6. Durante el diseño de una base de datos de una aplicación de gestión educativa se tiene la entidad "Alumno" y la entidad "Asignatura". Si un alumno puede estar matriculado en una o varias asignaturas, y una asignatura puede tener uno o varios alumnos matriculados, ¿cuáles serían las cardinalidades de ambas entidades?

4.3. Número de sitios en los que está distribuida la BD: centralizada y distribuida

Los SGBD pueden ser centralizados o distribuidos. Los centralizados tienen una arquitectura cliente-servidor. En el servidor se ubica el SGBD y todos los clientes solicitan sus servicios.

Por el contrario, los SGBD distribuidos dividen una base de datos central en varias, esta división es física, y todas las divisiones se comunican mediante una red. Por ejemplo, volviendo a la tabla anterior donde se representaban los empleados y sucursales de una entidad bancaria, esta entidad bancaria podría tener una base de datos por provincias, además de tener una base de datos central, de esta forma cada provincia tendrá sus datos locales, y si existe un problema este no afectará al resto de provincias, además de repartir de manera más eficiente la carga de procesamiento. Por supuesto, para el usuario que el SGBD sea centralizado o distribuido es indiferente, ya que será transparente para él. En la siguiente imagen se explica un esquema simple que muestra la diferencia entre ambas arquitecturas:

Arquitectura distribuida/centralizada

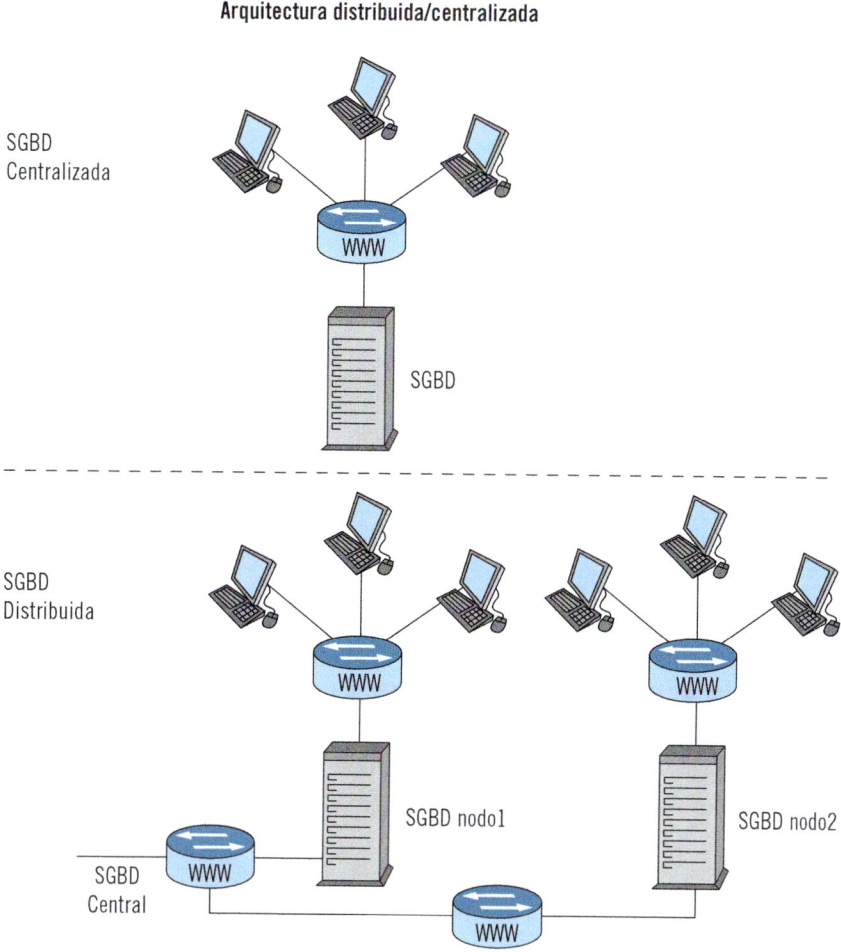

Según la imagen el SGBD central debe tener al menos una aplicación global de la que hagan uso el SGBD nodo1 y el SGBD nodo2, de lo contrario no podría considerarse un SGBDD (Sistema Gestor de Base de Datos Distribuido). También es importante recalcar que solo existe una única base de datos, desde el punto de vista lógico, y que parte de esta base de datos se encuentra en el SGBD nodo1 y SGBD nodo2.

Por último, destacar que los SGBD nodo1 y nodo2 son independientes entre sí, y también independientes respecto del SGBD central desde el punto de vista de *software* SGBD. Es importante no confundir los SGBDD con el procesamiento distribuido, donde a pesar de la similitud en la arquitectura, la principal diferencia es que en el procesamiento distribuido existe una única base de datos central, y no una base de datos central con fragmentos de esta repartidos en otras máquinas.

Los SGBDD tienen una serie de componentes comunes, sin estos no sería posible crear una arquitectura de este tipo.

Componentes del SGBDD

Son cuatro los componentes principales de un SGBDD:

- **SGBD distribuido o central:** debe tener, al menos, una funcionalidad o aplicación global, además de una serie de capacidades de mayor complejidad que las habituales en los SGBD, como pasaría en el caso de la concurrencia, seguridad y comunicaciones.
- **SGBD local:** tendrá como misión la que cualquier otro SGBD pero lo hará con la base de datos local. Tendrá también su propio catálogo local.
- **Gestor de comunicaciones de datos:** es el *software* encargado de comunicar a todos los nodos entre sí.
- **Catálogo central o global:** contiene toda la información de naturaleza distribuida, como pueden ser los esquemas de fragmentación o asignación.

Ventajas e inconvenientes del SGBDD

En la siguiente tabla se muestran las principales ventajas e inconvenientes de los SGBDD:

VENTAJAS	INCONVENIENTES
Se asemeja a la estructura real de una empresa o institución.	Complejidad. La arquitectura es más compleja que un SGBD estándar.
Mayor disponibilidad. Un fallo en un nodo no influye en los demás.	Innovador. Aún no es muy extendido el uso de los SGBDD.

Continúa en página siguiente >>

<< Viene de página anterior

VENTAJAS	INCONVENIENTES
Mejores prestaciones. Mucha de la demanda al SGBD será local.	Seguridad en el sistema de comunicaciones.
Mayor escalabilidad. Más sencillo y menos costoso ampliar la información.	Coste. Lógicamente, la inversión debe ser mayor.

Ventajas e inconvenientes SGBDD

 Aplicación práctica

Una empresa familiar desea usar un sistema de información para gestionar sus datos. El negocio cuenta con dos establecimientos, cada uno con cuatro equipos informáticos. ¿Qué arquitectura de SGBD recomendaría? ¿Es necesario que el SGBD sea multihilo?

SOLUCIÓN

La solución que mejor se adaptaría sería un SGBD centralizado con una arquitectura cliente-servidor de dos capas, no siendo importante el hecho de que el SGBD sea multihilo. Se puede deducir por los datos aportados que el tamaño de la empresa es muy pequeño, y la opción más eficiente sería la propuesta, descartando completamente el modelo de tres capas cliente-servidor o los SGBDD con un SGBD central y dos SGBD locales, cada uno en uno de los establecimientos.

4.4. Gestión de los procesos: multiproceso y multihilo

Los SGBD pueden clasificarse por la gestión de procesos que ofrezcan, es decir, si son multihilo o no lo son. En primer lugar hay que definir el concepto de multiproceso y multihilo. Ambos están muy ligados.

Por un lado, el multiprocesamiento es una característica de la arquitectura *hardware* de una máquina, PC o *clúster* de máquinas. Consiste en tener más de un procesador para realizar las diferentes tareas de forma paralela, y así ganar en eficiencia y rendimiento. Puede darse el caso de que una sola máquina tenga varios procesadores o también que varias máquinas se comporten de cara a algún procesamiento concreto como una sola máquina, paralelizando el desarrollo de dicha tarea, lo que se conoce en el ámbito de los sistemas de información como *clúster*. También hay casos donde un monoprocesador tiene multiprocesamiento, aunque no son casos habituales.

Por otro lado, el concepto de multihilo sería la capacidad de una tarea o subproceso de poderse dividir o paralelizar en "n" hilos, en este caso, la capacidad de un SGBD para poder paralelizar sus diferentes procedimientos. Como se observa ambos conceptos están muy ligados: si un SGBD es multiproceso, pero la máquina donde está alojado es monoprocesador, el SGBD no podrá realizar la gestión de procesos eficientemente, y aunque podría ejecutarse, no tendría el mismo rendimiento.

En la siguiente imagen se observa la comparativa entre ejecutar un proceso de manera secuencial con un solo procesador, y ejecutarlo en cuatro procesadores de forma paralela.

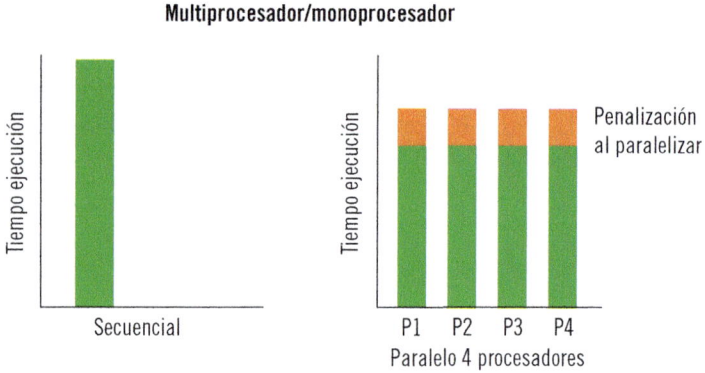

Destacar que el hecho de que un proceso o tarea se divida en cuatro, no conlleva que sea cuatro veces más rápido, ya que al paralelizar hay un tiempo extra que se pierde.

 **Actividades**

7. Buscar en internet algún SGBD que tenga una gestión de procesos multihilo.

5. Definición de la arquitectura de un SGBD atendiendo al modelo de tres capas propuesto por el comité ANSI-SPARC

En 1971 DBTG *(Data Base Task Group)* elaboró una de las primeras propuestas sobre la arquitectura y terminología en los sistemas de bases de datos. Basándose en esta primera aproximación el comité SPARC *(Standard Planning and Requirements Committee)* de ANSI *(American National Starndars Institute)* publica en 1975 ANSI-SPARC: una arquitectura basada en tres capas o niveles. Este modelo es la base para comprender la funcionalidad de un SGBD.

Los tres niveles de la arquitectura ANSI-SPARC son el nivel interno o físico, el nivel externo o de visión, y el nivel conceptual. El nivel interno interactúa con los SGBD para almacenar físicamente los datos, el nivel externo es la forma en la que los usuarios perciben la base de datos y el nivel conceptual enlaza ambos niveles.

 Nota

La primera arquitectura para los SGBD se basaba en dos niveles o capas. Fue DBTG la que planteó el nuevo modelo. Esta arquitectura tenía una capa llamada esquema y una serie de vistas de usuario denominadas subesquemas.

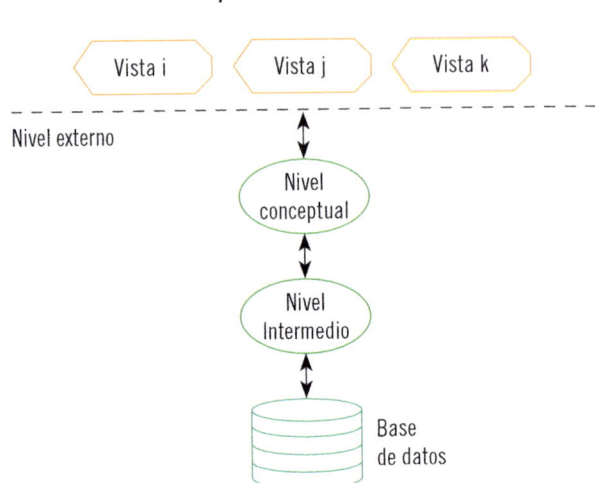

Arquitectura ANSI-SPARC

5.1. Concepto de nivel físico o interno

La implementación física de la base de datos es el nivel interno o físico. En este nivel están las diferentes estructuras y organizaciones de archivos para almacenar físicamente todos los datos relativos al SGBD. Las siguientes funciones o tareas se realizan dentro del nivel físico:

- Ubicación de los diferentes registros, así como su descripción para el almacenamiento.
- Asignación del espacio para almacenar datos e índices.
- Compresión y cifrado de datos.

Los SGBD no se comportan exactamente igual en este nivel, ya que hay SGBD que aprovechan las funciones que ya usa el sistema operativo para la gestión y organización de archivos, y otros SGBD usan algunas funciones base del sistema operativo y añaden funciones propias. Por ejemplo, *Oracle* añade varias funciones propias. En su versión 11 introduce el concepto de ASM, una herramienta que entre otras funciones gestiona el particionado de discos con procesos y funciones propias.

5.2. Concepto de nivel externo o de visión

El nivel externo se compone de diferentes vistas de la base de datos. Una vista no es más que un subconjunto de la base de datos original que permite a cada usuario la posibilidad de abstraerse de la información que no sea necesaria o de facilitar una consulta determinada. También se usa por motivos de seguridad. Un ejemplo sencillo del uso de vistas podría darse cuando se produce una consulta muy usada y que involucra a varias tablas y restricciones, pues bien, al convertir esa consulta en una vista se facilita bastante el trabajo al usuario interesado.

La vista incluye únicamente aquellos datos de interés para el usuario, eliminando las relaciones, atributos o entidades que no sean de su interés. El usuario puede que ni siquiera tenga constancia de que existan.

 Ejemplo

Dentro de la información almacenada en una base de datos, respecto a una empresa cualquiera, es muy probable que se almacenen los datos personales de empleados. Uno de ellos podría ser la fecha de nacimiento, teniendo algo parecido a esto:

Ejemplo tabla empleados		
Nombre	Apellido	Fecha_nac
Angie	García	05/07/1975
Jesús	Fuentes	29/12/1988
Javier	Morales	05/08/1974
María Soledad	Rubio	01/02/1982
Francisco Javier	Pérez	05/02/1979

Continúa en página siguiente >>

<< Viene de página anterior

Lo habitual sería tener almacenada la fecha de nacimiento y no la edad de una persona, pero si fuese necesario obtener la edad de cada trabajador, ¿sería una buena idea almacenar la edad en lugar de la fecha de nacimiento? La respuesta es "NO", ya que modificar cada año la edad de todos los trabajadores sería una tarea tediosa y evitable, así que, si un usuario necesita la edad de los empleados como rutina de trabajo, se podría crear una vista que haga este sencillo cálculo y que facilite bastante el trabajo del usuario interesado.

Actividades

8. Busque con la ayuda de internet cómo implementar una vista para mostrar la edad de cada trabajador de la tabla anterior en *Oracle* o *MySQL*.

5.3. Concepto de nivel conceptual

Este nivel contiene toda la estructura lógica de la base de datos, y por tanto, tal como la vería un administrador de base de datos o DBA. En el nivel conceptual se representan:

- Todas las entidades, sus atributos y sus relaciones.
- Todas las restricciones existentes.
- La información relativa a la seguridad.
- La información semántica sobre los datos.

Es importante destacar dos aspectos referentes a este nivel: en primer lugar debe ser totalmente independiente del almacenamiento, por ejemplo, respecto a una entidad debe contener la descripción, los atributos, tipo de atributo o su longitud, pero nunca datos referentes al almacenamiento como podría ser los bytes que ocupa. En segundo lugar, toda vista externa perteneciente al nivel externo o de visión debe estar contenida en el nivel conceptual o ser derivada de la información que existe en el nivel conceptual.

Actividades

9. Señale en qué nivel o niveles de la arquitectura ANSI-SPARC podría ser necesario establecer contacto con el administrador de sistemas del servidor.

Aplicación práctica

A continuación se muestra un diagrama Entidad-Relación. Indique cuál serían las entidades, atributos y relaciones. Además identifique la clave principal o primaria y diga qué tipo de relación es (binaria o ternaria).

SOLUCIÓN

Las entidades serían Empleado, Trabajo y Sucursal. Los atributos son Id_emp (clave principal), Nombre y Teléfono (atributo multivalorado) de la entidad Empleado, Id_sucursal (clave principal) y Balance de la entidad Sucursal y Nivel y Código (clave principal) de la entidad Trabajo.

La relación se llama Trabaja_en y es ternaria.

6. Resumen

Los SGBD son sistemas *software* que permiten a los usuarios definir, mantener y controlar el acceso a una base de datos, facilitando al DBA sus responsabilidades. Tuvieron sus orígenes en los años 60 con una arquitectura de dos capas y basada en un sistema jerárquico. Hoy en día son una parte fundamental de los sistemas de información.

La clasificación de los SGBD puede hacerse según el número de usuarios, (multiusuario o monousuario) o el modelado que use (siendo el modelo relacional el más importante, aunque hay otros modelados como el orientado a objetos, *noSQL, XML,* o el modelo en red o jerárquico). También se pueden clasificar según su arquitectura, teniendo la arquitectura cliente-servidor de dos y tres o más capas. Por último, el SGBD puede ser distribuido, ganando en eficiencia a cambio de mayor coste y complejidad, además de multihilo, consiguiendo altas prestaciones.

Destacar la arquitectura de base de datos ANSI-SPARC que, aun no siendo un estándar, ha sido referencia en la mayoría de los SGBD, con sus tres niveles de abstracción: físico, de visión y conceptual.

En último lugar, comentar las principales funciones de los SGBD como son el almacenamiento, soporte de transacciones, control de concurrencia, recuperación y seguridad, integridad y mantenimiento de la independencia física.

Ejercicios de repaso y autoevaluación

1. ¿En qué fecha nacen los SGBD y con qué proyecto?

2. Defina el término concurrencia asociado a los SGBD.

3. Marque la respuesta correcta. ¿Quién creó el modelo relacional?

    a. Edgar Codd.
    b. Charles Bachman.
    c. Eugene Wong.
    d. Todas las opciones son incorrectas.

4. ¿Cómo se denomina la función o característica de un SGBD que ante un cambio en el esquema conceptual de la base de datos no afecta a los usuarios que no hagan uso o no tengan autorización sobre la entidad o relación afectada?

5. Indique cuál de las siguientes funciones no corresponde a los SGBD.

    a. Garantizar la concurrencia.
    b. Soportar transacciones.
    c. Proporcionar seguridad en la las conexiones de red de área local.
    d. Garantizar la independencia de los datos.

6. ¿Cuál de estos modelos de datos no están basados en registros?

    a. Modelo jerárquico.
    b. Entidad-Relación.
    c. Modelo en red.
    d. Modelo de datos relacional.

7. En la arquitectura cliente-servidor de dos capas. ¿Qué responsabilidades tiene el cliente? ¿Y si se aumenta a tres capas?

8. Complete los espacios libres de la siguiente oración.

La arquitectura de servidor de archivos se suele desarrollar en una red de _____ _____. En esta red hay un servidor de archivos central, y el resto de equipos tendría un _____ completo instalado pero con los datos almacenados en el servidor de archivos.

9. ¿Cuántas capas propuso como modelo el comité ANSI-SPARC? ¿Cómo se llaman?

10. Indique los cuatro componentes de los sistemas gestores de base de datos distribuidos.

11. ¿Cuáles son las diferentes cardinalidades que puede tener una relación en los modelos Entidad-Relación?

_____
_____
_____
_____

12. Relacione cada arquitectura o modelo de SGBD con la fecha de aparición:

    a. Modelo relacional.
    b. NoSQL.
    c. Modelo orientado a objetos.

    __ Década de los 90.
    __ Década de los 70.
    __ Década de los 80.

13. Indique las funciones del nivel físico o interno del modelo ANSI-SPARC.

_____
_____
_____
_____

14. ¿Podría ejecutarse un SGBD multiproceso en una máquina monoprocesador? Justifique su respuesta.

_____
_____

15. De las siguientes afirmaciones, indique cuál es verdadera o falsa.

    a. Un usuario de un SGBD podrá percibir si la base de datos en la que tiene acceso es distribuida o centralizada, ya que las interfaces difieren.

        ☐ Verdadero
        ☐ Falso

b. Existe algún SGBD que se puede comportar como un sistema monousuario en cuanto al número de usuarios que soporta.

☐ Verdadero
☐ Falso

c. Antes de la llegada de los SGBD se usaban los sistemas de almacenamiento de archivos.

☐ Verdadero
☐ Falso

Capítulo 2
Diccionario de datos

Contenido

1. Introducción

El diccionario de datos es el lugar donde se almacena toda la información relativa a los datos de los datos, o lo que es lo mismo, los metadatos de los SGBD, así como toda la información de todos los objetos que la componen.

Este diccionario de datos tiene una información similar en los diferentes SGBD relacionales: aparecerán objetos como tablas, procedimientos, vistas, funciones, etc. El espacio que ocupan estos objetos, la estructura por la que se rigen, valores por defecto, restricciones de integridad o roles y privilegios.

En la literatura técnica sobre SGBD se usa además de "diccionario de datos", otros términos como "definición de datos" o "catálogo del sistema".

2. Concepto

Como se ha indicado en la introducción, el diccionario de datos o catálogo del sistema son los datos de los datos, es decir, los metadatos de un SGBD.

En los SGBD *noSQL* no tiene mucho sentido hablar de diccionario de datos, sin embargo, en los SGBD relacionales es una parte muy importante en su arquitectura, así como para su mantenimiento y administración.

Aunque la estructura del diccionario de datos varía en función del SGBD que se use, hay cierta información que es prácticamente común a todos los SGBD:

- Información sobre la estructura lógica y física de la base de datos.
- Todos los usuarios que componen la base de datos, así como sus diferentes permisos o privilegios y roles.
- Espacio asignado a los diferentes objetos.
- Información sobre las diferentes rutinas, ya sea funciones o procedimientos.
- Valores por defecto y restricciones.
- Todos los objetos con sus descripciones, tablas, vistas, relaciones, etc.

Actividades

1. Busque en internet una visión general sobre algún diccionario de datos de un SGBD que no sea *MySQL* ni *Oracle*.

3. Análisis de su estructura

La estructura del diccionario de datos se analizará desde el punto de vista de los dos SGBD de mayor impacto en la actualidad: *MySQL*, *software* libre, y *Oracle*, *software* comercial.

Nota

En realidad ambos SGBD tienen una versión comercial y otra libre, aunque la versión gratuita de Oracle es muy limitada *(Oracle Database XE)*, y únicamente serviría para introducirse en los SGBD *Oracle*. En cuanto *MySQL* la opción comercial ofrece herramientas profesionales similares a las ofrecidas por los SGBD *Oracle*, no obstante, ambos SGBD pertenecen a la misma compañía, *Oracle*.

3.1. Diccionario de datos. MySQL

La estructura donde se almacena el diccionario de datos en *MySQL* es a través de INFORMATION_SCHEMA, que contiene información del resto de base de datos. Está compuesta por varias tablas únicamente con el permiso de lectura, aunque en realidad no son tablas, sino vistas. Esta base de datos viene por defecto en el sistema *MySQL* a partir de la versión 5.0.2.

Todo usuario de *MySQL* tiene la posibilidad de acceder a estas vistas, aunque solo a los registros que estén relacionados con los objetos a los que tiene permiso ese usuario, lógicamente.

INFORMATION_SCHEMA

En primer lugar hay que diferenciar entre los comandos SHOW y SELECT a la hora de usar INFORMATION_SCHEMA, el uso de SHOW respecto a SELECT es más limitado en cuanto a las posibilidades que ofrece. Algunas de las ventajas que muestra la sentencia SELECT frente a SHOW son:

- SELECT forma parte del lenguaje *SQL,* con lo que otros usuarios de base de datos no tendrán problema en usar la información contenida en la base de datos de INFORMATION_SCHEMA, solo deberán conocer los nombres de los objetos.
- La personalización en la consulta es infinitamente mayor que el uso más concreto que proporciona el comando SHOW.
- Cumple las reglas de Codd del modelo relacional, ya que todo acceso se realiza a través de tablas.
- A la hora de realizar una migración sería más sencillo con el uso de SELECT, ya que todo SGBD lo haría de una forma muy similar.

Quizás, la principal ventaja que tiene el comando SHOW frente al SELECT sea la simplicidad e inmediatez que ofrece a la hora de conocer algunos de los metadatos más usados por los usuarios de *MySQL.*

Ejemplo

Un ejemplo del uso de SHOW y SELECT podría ser con el esquema "test" que trae por defecto la instalación de MySQL. Dentro de este esquema o base de datos hay una tabla llamada "prueba", pues bien, a continuación se muestran dos sentencias equivalentes, una con el uso de SHOW y la otra haciendo uso de SELECT.

Continúa en página siguiente >>

<< Viene de página anterior

```
mysql> SELECT table_name
    -> FROM information_schema.tables
    -> WHERE table_schema='test'
    -> AND table_name LIKE 'prueba'
    -> ;
+------------+
| table_name |
+------------+
| prueba     |
+------------+
1 row in set (0.00 sec)
```

Ejemplo SELECT

```
mysql> SHOW TABLES
    -> FROM test
    -> LIKE 'prueba'
    -> ;
+------------------------+
| Tables_in_test (prueba) |
+------------------------+
| prueba                 |
+------------------------+
1 row in set (0.00 sec)
```

Ejemplo SHOW

Se observa en este ejemplo que la simplicidad del uso de SHOW es mayor. Añadir que en la consulta usada en SELECT se accede a una de las tablas que contiene INFORMATION_SCHEMA, en este caso, TABLES.

En cada una de las tablas que componen INFORMATION_SCHEMA se presentan tres tipos de información:

- **Standard name:** que indica el nombre *SQL* estándar.
- **Show name:** muestra el comando SHOW más parecido, si es que existiese.
- **Remarks:** puede contener información adicional.

A continuación se analizan las tablas que contiene la base de datos de INFORMATION_SCHEMA. En primer lugar se muestran todas las tablas que la componen, y posteriormente se destacarán algunas de las más usadas, así como su estructura:

Vistas y tablas del diccionario de datos de MySQL

CHATACTER_SETS	COLLATIONS
COLLATION_CHARACTER_SET_APPLICABILITY	COLUMS
COLUM_PRIVILIGES	ENGINES
FILES	GLOBAL_STATUS
SESSION_STATUS	GLOBAL_VARIABLES
KEY_COLUMN_USAGE	PARAMETERS
PARTITIONS	PLUGINS
PROCESSLIST	PROFILINT
REFERENTIAL_CONSTRAINTS	ROUTINES
SCHEMATA	SCHEMA_PRIVILEGES
STATISTICS	TABLES
TABLESPACES	TABLE_CONSTRAINTS
TABLE_PRIVILEGES	TRIGGERS
USER_PRIVILEGES	VIEWS

 Actividades

2. Explique cómo sería una sentencia usando el comando SHOW que muestre todas las tablas de una base de datos.

Tables

Posiblemente una de las tablas más usadas de INFORMATION_SCHE-MA. Como su propio nombre indica contiene información de las tablas, el aspecto de esta tabla es el siguiente:

Tabla "tables" (de MySQL 8.4 Reference Manual)		
Standard Name	Show Name	Remarks
TABLE_CATALOG		NULL
TABLE_SCHEMA	Table_...	
TABLE_NAME	Table_...	
TABLE_TYPE		
ENGINE	Engine	Extensión MySQL
VERSION	Version	Extensión MySQL
ROW_FORMAT	Row_format	Extensión MySQL
TABLE_ROWS	Rows	Extensión MySQL
AVG_ROW_LENGTH	Avg_row_length	Extensión MySQL
DATA_LENGTH	Data_length	Extensión MySQL
MAX_DATA_LENGTH	Max_data_length	Extensión MySQL
INDEX_LENGTH	Index_length	Extensión MySQL
DATA-FREE	Data_free	Extensión MySQL
AUTO_INCREMENT	Auto_increment	Extensión MySQL
CREATE_TIME	Create_time	Extensión MySQL
UPDATE_TIME	Update_time	Extensión MySQL
CHECK_TIME	Check_time	Extensión MySQL
TABLE_COLLATION	Collation	Extensión MySQL
CHECKSUM	Checksum	Extensión MySQL
CREATE_OPTIONS	Create_options	Extensión MySQL
TABLE_COMMENT	Comment	Extensión MySQL

Algunas consideraciones a tener en cuenta respecto a las columnas de la tabla "tables" son:

▎ TABLE_TYPE debe ser una tabla o una vista, la tabla no puede ser temporal, ya que en las últimas versiones de *MySQL* "tables" no muestra este tipo de tablas.

- TABLE_NAME y TABLE_SCHEMA son un único campo en SHOW. Por ejemplo, "show tables in test".
- TABLE_ROWS es nula si la tabla se encuentra en INFORMATION_SCHEMA.
- La columna CREATE_OPTIONS muestra el particionado de una tabla, si es que ha sido particionada.
- Para tablas que han sido particionadas, la columna ENGINE muestra el motor de almacenamiento usado por todas las particiones.
- La columna DATA_FREE muestra el espacio libre para tablas *InnoBD*.

 Nota

El particionado de tablas en los SGBD es algo muy útil cuando una tabla alcanza cierto volumen de tuplas. Con el particionado se puede llegar a reducir bastante el tiempo de ejecución de una sentencia concreta.

Schemata

Contiene información de los esquemas, o lo que es lo mismo, de las bases de datos. El aspecto de esta tabla es el siguiente:

Tabla "Schemata" (de MySQL 8.4 Reference Manual)

Standard Name	Show Name	Remarks
CATALOG_NAME	-	NULL
SCHEMA_NAME		Base de datos
DEFAULT_CHARACTER_SET_NAME		
DEFAULT_CHARACTER_SET_NAME		
SQL_PATH		NULL

La columna DEFAULT_COLLECTION_NAME fue añadida en la versión de *MySQL* 5.0.6.

Definición

Motor de almacenamiento

El motor de almacenamiento en *MySQL* define la forma en el que se almacenarán los datos físicamente, además de otros factores como la gestión de los índices, concurrencia, transacciones o caché. *MySQL* ofrece la posibilidad de, a la hora de crear una tabla, elegir el motor de almacenamiento. Será una decisión importante para en el futuro obtener un mayor rendimiento. Por ejemplo, las aplicaciones web se adaptan bien al motor *MyISAM*, ya que este proporciona accesos rápidos a lecturas. *MyISAM* e *InnoDB* son los más usados.

Statistics

En INFORMATION_SCHEMA no hay una tabla concreta para índices, pero esta tabla proporciona cierta información sobre ellos. Está compuesta de la siguiente forma:

Tabla "statistics" (de MySQL 8.4 Reference Manual)		
INFORMATION_SCHEMA Name	Show Name	Remarks
TABLE_CATALOG		def
TABLE_SHEMA		=Database
TABLE_NAME	Table	
NON_UNIQUE	Non_unique	
INDEX_SCHEMA		=Database
INDEX_NAME	Key_name	

Continúa en página siguiente >>

<< Viene de página anterior

Tabla "statistics" (de MySQL 8.4 Reference Manual)

INFORMATION_SCHEMA Name	Show Name	Remarks
SEQ_IN_INDEX	Seq_in_index	
COLUMN_NAME	Column_name	
COLLATION	Collation	
CARDINALITY	Cardinality	
SUB_PART	Sub_part	MySQL extension
PACKED	Packed	MySQL extension
NULLABLE	Null	MySQL extension
INDEX_TYPE	Index_type	MySQL extension
COMMENT	Comment	MySQL extension

La salida que muestra SHOW INDEX y la tabla "statistics" es muy parecida, siendo evidente que provienen ambas del mismo padre.

Ejemplo

Para entender mejor la similitud entre la sentencia SHOW INDEX y la tabla "statistics" se muestran a continuación dos sentencias equivalentes:

Continúa en página siguiente >>

<< Viene de página anterior

```
mysql> SHOW INDEX FROM user FROM mysql;
+-------+------------+----------+--------------+-------------+-----------+-------------+----------+--------+------+------------+---------+
|Table|Non_unique|Key_name|Seq_in_index|Column_name|Collation|Cardinality|Sub_part|Packed|Null|Index_type|Comment|
+-------+------------+----------+--------------+-------------+-----------+-------------+----------+--------+------+------------+---------+
| user|          0|PRIMARY |            1|Host         |A          |       NULL|NULL|NULL |      |BTREE     |         |
| user|          0|PRIMARY |            2|User         |A          |          8|NULL|NULL |      |BTREE     |         |
+-------+------------+----------+--------------+-------------+-----------+-------------+----------+--------+------+------------+---------+
2 rows in set (0.00 sec)

mysql> SELECT table_name,non_unique,index_name,seq_in_index,column_name,collation,cardinality,sub_part,packed,
      nullable,index_type,comment
   -> FROM information_schema.statistics
   -> WHERE table_name='user'
   -> AND table_schema='mysql'
   -> ;
+----------+----------+----------+------------+-----------+---------+-----------+--------+------+--------+----------+-------+
|table_name|non_unique|index_name|seq_in_index|column_name|collation|cardinality|sub_part|packed|nullable|index_type|comment|
+----------+----------+----------+------------+-----------+---------+-----------+--------+------+--------+----------+-------+
| user     |        0|PRIMARY   |           1|Host       |A        |      NULL|NULL|NULL |       |BTREE     |       |
| user     |        0|PRIMARY   |           2|User       |A        |         8|NULL|NULL |       |BTREE     |       |
+----------+----------+----------+------------+-----------+---------+-----------+--------+------+--------+----------+-------+
2 rows in set (0.00 sec)
```

Ejemplo de SHOW

En este caso el resultado es idéntico porque se han seleccionado las columnas equivalentes de "statistics" respecto a SHOW INDEX. El ejemplo se ha realizado sobre la base de datos *MySQL* que viene por defecto en la instalación del SGBD *MySQL*, en concreto la tabla "user".

Table privileges

Esta tabla muestra los permisos o privilegios sobre las tablas que tienen los usuarios. Esta información tiene su origen en "MySQL.tables_priv". La estructura es la siguiente:

Tabla "table_privileges" (de MySQL 8.4 Reference Manual)		
Standard Name	Show Name	Remarks
GRANTEE		e.g.'user'@'host'
TABLE_CATALOG		NULL
TABLE_SCHEMA		
TABLE_NAME		
PRIVILEGE_TYPE		
IS_GRANTABLE		

La columna PRIVILEGE_TYPE solo puede contener un valor. Este puede ser:

- SELECT
- INSERT
- DROP
- CREATE VIEW
- REFERENCES
- UPDATE
- ALTER
- INDEX

Routines

Esta tabla contiene información sobre los procedimientos y funciones almacenados, también llamados rutinas. Esta tabla no incluye las funciones definidas por el usuario, conocidas en *MySQL* con el acrónimo UDF (*User-Defined Functions).* La tabla está compuesta por las siguientes columnas:

Tabla "routines" (de MySQL 8.4 Reference Manual)

INFORMATION_SCHEMA Name	mysql.proc Name	Remarks
SPECIFIC_NAME	specific_name	
ROUTINE_CATALOG		def
ROUTINE_SCHEMA	db	
ROUTINE_NAME	name	
ROUTINE_TYPE	type	{PROCEDURE| FUNCTION}
DATA_TYPE		same as for COLUMNS table
CHARACTER_MAXIMUM_LENGHT		same as for COLUMNS table
CHARACTER_OCTET_LENGTH		same as for COLUMNS table
NUMERIC_PRECISION		same as for COLUMNS table

Continúa en página siguiente >>

<< Viene de página anterior

Tabla "routines" (de MySQL 8.4 Reference Manual)

INFORMATION_SCHEMA Name	mysql.proc Name	Remarks
NUMERIC_SCALE		same as for COLUMNS table
DATETIME_PRECISION		same as for COLUMNS table
CHARACTER_SET_NAME		same as for COLUMNS table
COLLATION_NAME		same as for COLUMNS table
DTD_IDENTIFIER		data type descriptor
ROUTINE_BODY		SQL
ROUTINE_DEFINITION	body_utf8	
EXTERNAT_NAME		NULL
EXTERNAL_LANGUAGE	language	NULL
PARAMETER_STYLE		SQL
IS_DETERMINISTIC	is_deterministic	
SQL_DATA_ACCES	sql_data_access	
SQL_PATH		NULL
SECURITY_TYPE	security_type	
CREATED	created	
LAST_ALTERED	modified	
SQL_MODE	sql_mode	MySQL extension
ROUTINE_COMMENT	comment	MySQL extension
DEFINER	definer	MySQL extension
CHARACTER_SET_CLIENT		MySQL extension
COLLATION_CONNECION		MySQL extension
DATABASE_COLLATION		MySQL extension

Algunas consideraciones:

▌ El valor de la columna EXTERNAL_LANGUAGE es siempre NULL, ya que si el valor de "MySQL.proc.language" es 'SQL', este será NULL. En caso contrario se pondría el valor contenido en "MySQL.proc.language", pero como *MySQL* aún no admite otros lenguajes que no sean 'SQL', pues siempre será NULL el valor de EXTERNAL_LANGUAGE.

▌ La columna CREATED muestra la hora y el día en el que el procedimiento o función fue creado. Este valor es TIMESTAMP.

▌ LAST_ALTERED contiene la fecha y hora de la última modificación de la rutina, el valor también es TIMESTAMP. Como era de imaginar, si la rutina no fue modificada desde su creación, el valor de LAST_ALTERED y CREATED serán el mismo.

▌ CHARACTER_SET_CLIENT muestra el valor de la sesión de la variable del sistema "character_set_client" cuando se creó la rutina.

▌ COLLATION_CONNECTION tiene el valor de la sesión de la variable del sistema "collation_connection" cuando se creó la rutina.

▌ DATABASE_COLLACTION almacena el valor de la base de datos desde la cual se creó la rutina.

Actividades

3. Busque en internet los diferentes motores de almacenamiento de *MySQL*, además de *MyISAM* e *InnoDB*.

Key_column_usage

Esta tabla tiene información sobre las restricciones que tienen las columnas que son claves primarias o foráneas. Esta sería su estructura:

Tabla "key_column_usage" (de MySQL 8.4 Reference Manual)		
INFORMATION_SCHEMA Name	Show Name	Remarks
CONSTRAINT_CATALOG		def
CONSTRAINT_SCHEMA		
CONSTRAINT_NAME		
TABLE_CATALOG		def
TABLE_SCHEMA		
TABLE_NAME		
COLUMN_NAME		
ORDINAL_POSITION		
POSITION_IN_UNIQUE_CONSTRAINT		
REFERENCED_TABLE_SCHEMA		
REFERENCED_TABLE_NAME		
REFERENCED_COLUMN_NAME		

A tener en cuenta:

- La columna ORDINAL_POSITION muestra la posición de la columna en la restricción, nada que ver con la posición que la columna tenga en la tabla. La numeración de las columnas comienzan por 1.
- POSITION_IN_UNIQUE_CONSTRAINT es NULL para las claves primarias.

3.2. Diccionario de datos. Oracle

Para situar correctamente el diccionario de datos en *Oracle* es necesario tener una visión general sobre la arquitectura.

La arquitectura *Oracle* se puede dividir en tres partes fundamentales: la estructura de memoria, estructura de proceso y estructura de almacenamiento. Dentro de la estructura de memoria es donde se encuentra el diccionario de datos, concretamente en el "Shared pool". Se almacena en "Data dictionary cache" y "Library cache".

A continuación se puede observar una visión general de la estructura de memoria de *Oracle:*

Estructura de memoria

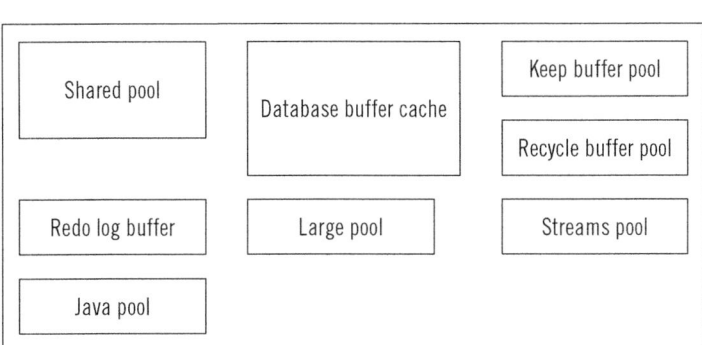

A su vez, el "shared pool" está formado por los siguientes componentes:

Shared pool

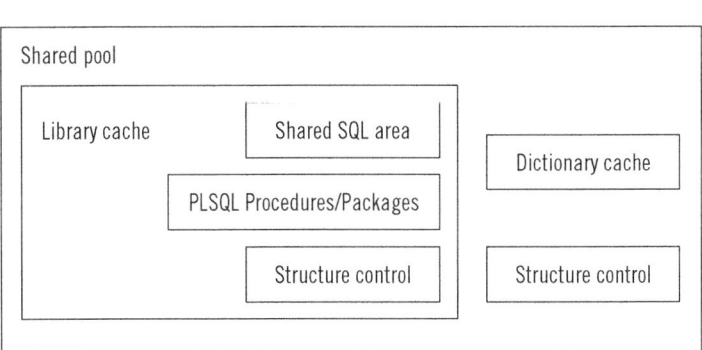

Actividades

4. En Oracle, ¿cómo podría ver un usuario todas las tablas que ha definido?

El diccionario de datos en *Oracle* es algo más complejo que en *MySQL*, ya que el volumen de información es mayor. Las vistas que contienen información exclusiva para el administrador o usuarios con privilegios de administrador son muy similares a otras que contienen la misma información, o muy parecida, pero desde el prisma de unos privilegios u otros. Los nombres de las vistas que necesitan permisos de administrador comienzan con "dba", como por ejemplo, la vista "dba_tables". A continuación se muestran algunas de las vistas y tablas más importantes que componen el diccionario de datos de *Oracle.*

Vistas y tablas del diccionario de datos de Oracle

ALL_ARGUMENTS	ALL_COL_PRIVS	ALL_DEPENDENCIES
ALL_DIRECTORIES	ALL_ERRORS	ALL_IDENTIFIERS
ALL_OBJECTS	ALL_PLSQL_OBJECTCT_SETTINGS	ALL_PROCEDURES
ALL_SOURCE	ALL_STORED_SETTINGS	ALL_SYNONYMS
ALL_TABLES	ALL_TAB_PRIVS	ALL_TAB_SIZES
ALL_USERS	ALL_VIEWS	CACHE_GROUP
COLUMS	COL_STATS	DBA_ARGUMENTS
DBA_COL_PRIVS	DBA_DEPENDENCIES	DBA_DIRECTORIES
DBA_ERRORS	DBA_IDENTIFIERS	DBA_OBJECTS
DBA_OBJETCT_SIZE	DBA_PLSQL_OBJECT_SETTINGS	DBA_PROCEDURES
DBA_SOURCE	DBA_STORED_SETTINGS	DBA_SYNONYMS
DBA_SYS_PRIVS	DBA_TABLES	DBA_TAB_PRIVS

Continúa en página siguiente >>

<< Viene de página anterior

Vistas y tablas del diccionario de datos de Oracle		
DBA_TAB_SIZES	DBA_USERS	DBA_VIEWS
DUAL	INDEXES	MONITOR
PLAN	PUBLIC_DEPENDENCY	SEQUENCES
SESSION_ROLES	SYSTEM_PRIVILEGES_MAP	SYSTEMSTATS
TABLE_PRIVILEGE_MAP	TABLES	TBL_STATS
TCOL_STATS	TINDEXES	TRANSACTION_LOG_API
TTABLES	TTBL_STATS	USER_ARGUMENTS
USER_COL_PRIVS	USER_DEPENDENCIES	USER_ERRORS
USER_IDENTIFIERS	USER_OBJECTS	USER_OBJECT_SIZE
USER_PROCEDURES	USER_PLSQL_OBJECT_SETTINGS	USER_SOURCE
USER_STORED_SETTINGS	USER_SYNONYMS	USER_SYS_PRIVS
USER_TABLES	USER_TAB_PRIVS	USER_TAB_SIZES
USER_USERS	USER_VIEWS	VIEWS

Todas pertenecen al usuario SYS de *Oracle*, con lo que todas llevarían el prefijo "SYS.", siendo por ejemplo: "SYS.TABLES" o "SYS_USER_TABLES". Además de todas estas vistas y tablas hay otras de uso interno y que carecen de interés para un administrador de base de datos.

Si se analizan los nombres de todas estas vistas y tablas se puede observar que muchas de ellas se repiten en parte, es decir, se tienen las tablas/vistas: ALL_TABLES, DBA_TABLES, USER_TABLES y TABLES. Esto significa que el contenido de estas es similar o parecido, dependiendo de los privilegios del usuario que realice la consulta.

De todas estas vistas/tablas se destacan las que más uso tendrían por parte de usuarios y administradores de bases de datos.

DBA_tables

En esta vista se describen todas las relaciones de tablas y usuarios, y solo el usuario administrador tendrá acceso. Tiene multitud de columnas, de las cuales se pueden destacar:

- OWNER: muestra el propietario de la tabla.
- TABLE_NAME: contiene el nombre de la tabla.
- NUM_ROWS: muestra el número de filas que contiene la tabla.

Ejemplo

Para poder ver el nombre de las tablas cuyo propietario es "SCOTT", uno de los usuarios por defecto en la instalación de Oracle, se utilizaría la siguiente sentencia:

```sql
SELECT table_name
FROM dba_tables
WHERE OWNER='SCOTT';
```

Consulta

Teniendo como resultado:

```
TABLE_NAME
-------------------------
DEPT
EMP
BONUS
SALGRADE
```

Resultado

Nota

El usuario "SCOTT" no aparece en todas las versiones del SGBD Oracle, en algunas de ellas, como la versión Express Edition, se ha sustituido por el usuario HR.

All_tables

Esta vista muestra la misma información que la vista "DBA_tables", con la salvedad de que solo lo hará sobre las tablas que el usuario que ejecuta la consulta tiene acceso. En el siguiente ejemplo se observa la diferencia de ejecutar una consulta a la vista "all_tables" como usuario administrador o como usuario sin permisos de administrador.

Ejemplo

En las siguientes dos imágenes se observa el resultado de una consulta que devuelve el número de filas a la vista "all_tables". La primera de ellas, 3-13, ha sido realizada por el administrador de la base de datos, y la segunda, 3-14, por un usuario sin permisos de administración.

```
SELECT COUNT(*)
FROM all_tables;
```

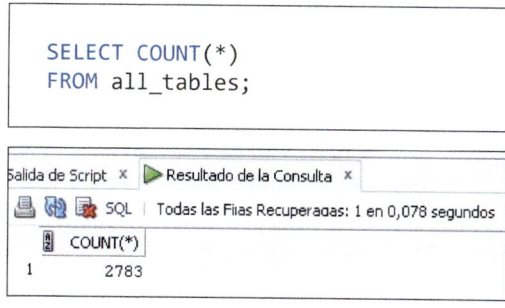

Consulta

Continúa en página siguiente >>

<< Viene de página anterior

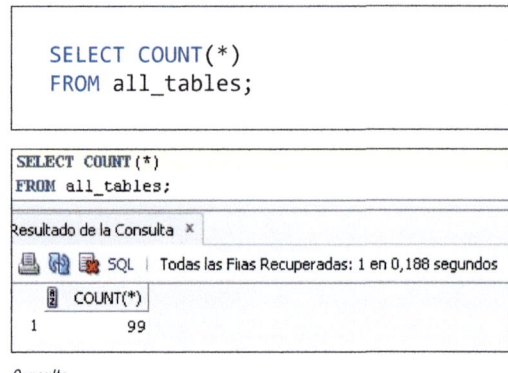

```
SELECT COUNT(*)
FROM all_tables;
```

Consulta

Se puede observar como en un caso obtiene 2.783 filas, y en el otro 99.

Las otras dos vistas/tablas relacionadas con la información referente a tablas son "user_tables" y "tables". La primera de ellas es una vista que muestra todas las tablas que son propiedad del usuario que realiza la consulta, y la segunda, "tables", es una tabla que almacena información sobre todas las tablas de la base de datos, incluyendo las tablas del sistema.

Actividades

5. Señale qué script es el encargado en Oracle de crear el diccionario de datos. ¿Cuándo se ejecuta?

DBA_users

Esta vista describe y contiene toda la información de todos los usuarios de la base de datos. Solo podrá acceder a ella el administrador de la base de datos. Su estructura es la siguiente:

DBA_users		
COLUMNS		
Column name	Type	Description
USERNAME	VARCHAR2(30) INLINE	Name of the user.
USER_ID	TT_INTEGER NOT NULL	ID number of the user.
PASSWORD	VARCHAR2(30) INLINE	Value is NULL.
ACCOUNT_STATUS	VARCHAR2(32) INLINE NOT NULL	Value is OPEN.
LOCK_DATE	TT_TIMESTAMP	Value is NULL.
EXPIRY_DATE	TT_TIMESTAMP	Value is NULL.
DEFAULT_TABLESPACE	VARCHAR2(30) INLINE NOT NULL	Value is USERS.
TEMPORARY_TABLESPACE	VARCHAR2(30) INLINE NOT NULL	Value is TEMP.
CREATED	TT_TIMESTAMP NOT NULL	Date when the user was created.
INITIAL_RSRC_ CONSUMER_GROUP	VARCHAR2(30) INLINE	Value is NULL.
EXTERNAL_NAME	VARCHAR2(4000) NOT INLINE	Value is NULL.
PASSWORD_VERSION	VARCHAR2(8) INLINE	Value is NULL.
EDITIONS_ENABLED	VARCHAR2(1) INLINE	Value is NULL.

Al igual que sucede con "DBA_tables", "tables", "users_tables" y "all_tables", existen, además de "DBA_users", "all_users", "users" y "user_users", siendo el comportamiento análogo. Así, por ejemplo, la vista "all_users" muestra una información sesgada respecto a la información de "DBA_users", en este caso, el número de filas que muestra es el mismo pero no las columnas por cada fila, ya que como se observa en la imagen superior, "DBA_users" tiene trece columnas, mientras que la vista "all_users" solo muestra tres columnas, USERNAME, USER_ID y CREATED.

Por otro lado, y tal como sucedía con la vista "user_tables", la vista "user_users" muestra la información relativa al usuario que realiza la consulta, siendo prácticamente igual el nombre de las columnas respecto a "DBA_users".

Dual

Es una tabla muy usada como comodín. Esta tabla peculiar tiene una sola columna, DUMMY, y un solo registro X, lo cual resulta muy útil para asignar valores a las variables en *PLSQL*.

Indexes

Es una tabla que almacena información relativa a los índices. Las columnas que lo forman son:

Indexes		
COLUMNS		
Column name	Type	Description
IXNAME	TT_CHAR(31) NOT NULL	Index name.
IXOWNER	TT_CHAR(31) NOT NULL	Name of index owner.
IXID		TimesTen idenifier of index.
IBLID		TimesTen identifier of indexed table.
IXTYPE	TT_INTEGER NOT NULL	Index type
ISUNIQUE	BINARY(1) NOT NULL	Uniqueness
ISPRIMARY	BINARY(1) NOT NULL	Primary key
USETMPHEAP	TT_SMALLINT NOT NULL	Reserved for internal use.
KEYCNT	TT_SMALLINT NOT NULL	Number of columns in the index key.

Continúa en página siguiente >>

<< Viene de página anterior

Indexes		
COLUMNS		
KEYCOLS	BINARY(32) NOT NULL	Array of 2-byte integer column numbers of index key, mapped to binary.
PAGESPARAM		Number of pages specified for hash index.
NLSSORIID	TT_INTEGER NOT NULL	For internal use only.
NLSSORTPARM	VARBINARY(1000) NOT INLINE	For internal use only.
NLSSORTSTR	TT_VARCHAR(200) NOT INLINE	For internal use only.
NLSSORTBUFSIZE	TT_SMALLINT	For internal use only.
NLSSORIMAXSIZE	TT_SMALLINT	For internal use only.
HAKANFACTOR	TT_INTEGER NOT NULL	For internal use only.

Algunas consideraciones:

- IXTYPE, el tipo de índice puede ser:

  - 0: hash index.
  - 1: range index.
  - 2: bitmap index.
  - 3: range index.

- ISPRIMARY tiene dos posibles valores: 0 si la tabla no tiene definida clave primaria, y 1 en el caso de que si tenga clave primaria.

Actividades

6. Indique qué almacena la tabla del diccionario de datos de Oracle "tcol_stats".

Aplicación práctica

Una de las vistas/tablas del diccionario de datos de *Oracle* que aparece en la tabla general es análoga a la vista "statistics" de INFORMATION_SCHEMA de *MySQL*. ¿Cuál es? ¿Cómo se haría una consulta simple en esa tabla en *SQL*?

ALL_ARGUMENTS	ALL_COL_PRIVS	ALL_DEPENDENCIES
ALL_DIRECTORIES	ALL_ERRORS	ALL_IDENTIFIERS
ALL_OBJECTS	ALL_PLSQL_OBJETCT_SETTINGS	ALL_PROCEDURES
ALL_SOURCE	ALL_STORED_SETTINGS	ALL_SYNONYMS
ALL_TABLES	ALL_TAB_PRIVS	ALL_TAB_SIZES
ALL_USERS	ALL_VIEWS	CACHE_GROUP
COLUMS	COL_STATS	DBA_ARGUMENTS
DBA_COL_PRIVS	DBA_DEPENDENCIES	DBA_DIRECTORIES
DBA_ERRORS	DBA_IDENTIFIERS	DBA_OBJECTS
DBA_OBJETCT_SIZE	DBA_PLSQL_OBJECT_SETTINGS	DBA_PROCEDURES
DBA_SOURCE	DBA_STORED_SETTINGS	DBA_SYNONYMS
DBA_SYS_PRIVS	DBA_TABLES	DBA_TAB_PRIVS
DBA_TAB_SIZES	DBA_USERS	DBA_VIEWS
DUAL	INDEXES	MONITOR
PLAN	PUBLIC_DEPENDENCY	SEQUENCES
SESSION_ROLES	SYSTEM_PRIVILEGES_MAP	SYSTEMSTATS
TABLE_PRIVILEGE_MAP	TABLES	TBL_STATS

Continúa en página siguiente >>

<< Viene de página anterior

TCOL_STATS	TINDEXES	TRANSACTION_LOG_API
TTABLES	TTBL_STATS	USER_ARGUMENTS
USER_COL_PRIVS	USER_DEPENDENCIES	USER_ERRORS
USER_IDENTIFIERS	USER_OBJECTS	USER_OBJECT_SIZE
USER_PROCEDURES	USER_PLSQL_OBJECT_SETTINGS	USER_SOURCE
USER_STORED_SETTINGS	USER_SYNONYMS	USER_SYS_PRIVS
USER_TABLES	USER_TAB_PRIVS	USER_TAB_SIZES
USER_USERS	USER_VIEWS	VIEWS

SOLUCIÓN

En *Oracle* para obtener información de los índices se usa la tabla "indexes". Una consulta simple podría ser:

SELECT * FROM SYS.indexes;

Recordar que todas las vistas/tablas pertenecen al usuario SYS.

4. Justificación de su importancia como elemento fundamental en la instalación y mantenimiento de las bases de datos

Como se ha podido observar, en los ejemplos de *MySQL* y *Oracle* el diccionario de datos tiene un peso específico importante en los SGBD. Es mucha la información que se puede obtener y analizar desde las tablas y vistas que componen este diccionario de datos o catálogo del sistema.

Algunas de estas vistas y tablas son importantes, pero otras son vitales para el correcto funcionamiento y mantenimiento, así como instalación de un SGBD.

A continuación se mostrarán varios escenarios que demuestran la importancia que un diccionario de datos puede tener.

Un ejemplo de su utilidad podría ser el caso de un usuario que intenta obtener datos de una tabla a través de un cliente del SGBD y el proceso devuelve un fallo. No son pocas las veces que el *log* sobre el error no es todo lo descriptivo que al usuario le gustaría, y para evitar perder tiempo innecesario una primera consulta podría ser mostrar las tablas sobre las que el usuario tiene acceso o permisos.

Otro ejemplo podría darse en el mantenimiento de la base de datos: si la organización propietaria del SGBD provee un aumento considerable de datos almacenados, es probable que el administrador de base de datos deba analizar la estructura física y lógica de la base de datos, y para ello usará tablas y vistas del diccionario de datos.

En definitiva, son multitud de casos, tanto el día a día, como para actualizaciones importantes, donde el diccionario de datos se convierte en un recurso altamente necesario.

 Aplicación práctica

Suponga que tiene el cargo de administrador de base de datos en una empresa, y que desde el departamento de informática le llega una petición por la que le solicitan las tablas a las que tiene acceso el usuario "a_corpas". ¿Cómo podrá obtener dicha información si el SGBD de la empresa es *Oracle*?

SOLUCIÓN

La forma más simple de poder obtener dicha información sería acceder con el usuario a_corpas y ejecutar la siguiente sentencia:

SELECT table_name FROM all_tables;

5. Resumen

Los SGBD relacionales son los que tienen en su estructura la figura del diccionario de datos, catálogo del sistema o metadatos. En el diccionario de datos se almacena información referente a la estructura lógica y física de la base de datos (usuarios con sus privilegios o permisos, todos los objetos, restricciones, etc.).

MySQL en su instalación por defecto añade la base de datos INFORMATION_SCHEMA, donde hay una serie de vistas y tablas que conforman el diccionario de datos.

Oracle tiene una estructura del diccionario algo más compleja y con mayor volumen de información. El diccionario se aloja dentro del "shared pool" y todas las tablas y vistas que lo componen pertenecen al usuario SYS, usuario administrador de *Oracle*.

El impacto que tiene el diccionario de datos en la instalación y mante-nimiento de la base de datos es elevado, siendo una herramienta habitual e importante para el administrador de base de datos.

Ejercicios de repaso y autoevaluación

1. ¿Cómo se denomina la base de datos que contiene el diccionario de datos en MySQL? ¿Desde qué versión aparece?

_____

_____

2. ¿Qué tres campos tienen todas las tablas del diccionario de datos de MySQL?

_____

_____

3. ¿Cuál de las siguientes funciones no forma parte del diccionario de datos?

    a. Guarda información sobre funciones y procedimientos.
    b. Almacena información sobre los usuarios, con sus permisos o privilegios.
    c. Estadísticas sobre los usuarios concurrentes.
    d. Espacio asignado a los diferentes objetos.

4. ¿Cómo se denomina la tabla del diccionario de datos de MySQL que muestra los permisos o privilegios que tienen los usuarios?

_____

_____

5. Indique cuál de las siguientes columnas no corresponde a la tabla "schemata" del diccionario de MySQL.

    a. SCHEMA_NAME.
    b. CATALOG_NAME.
    c. INDEX_TYPE.
    d. SQL_PATH.

6. Existe una tabla del diccionario de datos de Oracle muy usada como comodín. Esta tabla peculiar tiene una sola columna, DUMMY, y un solo registro X, lo cual resulta útil para asignar valores a las variables en PLSQL. ¿De qué tabla se trata?

_____

_____

7. ¿Por qué si se ejecuta la sentencia "SELECT COUNT(*) FROM SYS.ALL_TABLES" el resultado difiere entre el usuario administrador y un usuario no administrador?

_____

_____

_____

_____

8. Complete los espacios libres de la siguiente oración.

La principal ventaja que tiene el comando _____ frente al _____ es la simplicidad e inmediatez que ofrece a la hora de conocer algunos de los metadatos más usados por los usuarios de MySQL.

9. ¿Qué diferencia existe entre los prefijos USER, ALL y DBA del diccionario de Oracle?

_____

_____

_____

_____

10. ¿Dónde se almacena el diccionario de datos en Oracle?

_____

_____

11. ¿En qué tres partes se estructura la arquitectura Oracle?

_____

_____

_____

_____

12. Relacione cada una de las siguientes tablas o vistas con el SGBD que la contiene en su diccionario de datos:

    a. Indexes.
    b. Key_column_usage.
    c. DBA_users.

    __ MySQL.
    __ Oracle.

13. ¿Por qué el valor de la columna EXTERNAL_LANGUAGE de la tabla "routines" del diccionario de MySQL es siempre NULL?

_____

_____

_____

_____

14. ¿Cuál de los siguientes valores no puede asignarse a la columna PRIVILEGE_TYPE de la tabla "Tableprivileges" del diccionario de datos de MySQL?

    a. SELECT.
    b. PROCEDURE.
    c. UPDATE.
    d. INSERT

15. De las siguientes afirmaciones, indique cuál es verdadera o falsa.

a. La tabla "routines" del diccionario de MySQL incluye las funciones definidas por el usuario, conocidas en MySQL con el acrónimo UDF (User Defined Functions).

☐ Verdadero
☐ Falso

b. El diccionario de datos es un recurso muy necesario en los SGBD relacionales.

☐ Verdadero
☐ Falso

c. Las tablas y vistas del diccionario de datos de Oracle pertenecen al usuario SYS.

☐ Verdadero
☐ Falso

Capítulo 3
Análisis de la estructura funcional del SGBD

Contenido

1. Introducción

Un SGBD se divide en diferentes partes, y cada una de estas tiene un cometido en cuanto a la funcionalidad que aporta al sistema. De este modo se puede hablar de los procesos de los SGBD, del gestor de ficheros, el compilador y procesador DML, del compilador DDL o de las conexiones de red.

Todo el sistema se pone en funcionamiento de manera transparente al usuario-cliente con simplemente ejecutar una consulta a una tabla. Algunos SGBD son más complejos que otros en cuanto a su estructura, pero hay una serie de puntos comunes a todos: en este capítulo se hará referencia sobre todo al SGBD de *Oracle* y al SGBD *MySQL*.

En el caso de *MySQL*, este tiene como principal factor diferenciador los motores de búsqueda. Estos se adecúan de manera muy eficiente al tipo de procesamiento que se desee optimizar.

Por su parte, *Oracle* introduce la potente herramienta ASM, que facilita en gran medida la labor del administrador de base de datos.

2. Procesos del SGBD

Los SGBD tienen en común algunos procesos, sin embargo se diferencian demasiado como para obtener un esquema general de todos los procesos que llevan a cabo sin perder detalle. Por ello, y tal como se ha comentado, se estudiará la arquitectura y los procesos de *MySQL* y de *Oracle*.

2.1. MySQL

La arquitectura de *MySQL* es menos compleja que la del gigante *Oracle*. En la siguiente imagen se muestra un esquema de la arquitectura:

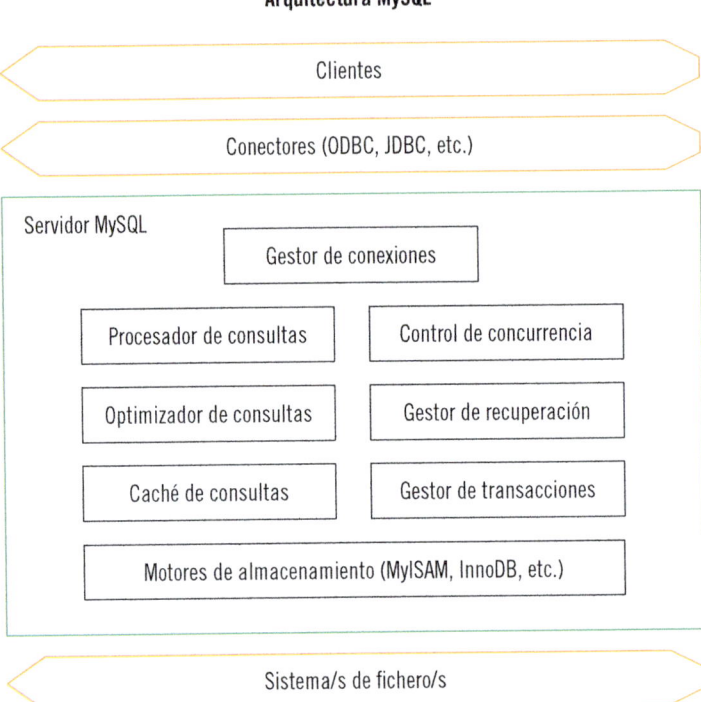

Arquitectura MySQL

Los **clientes** son cualquier *software* de cliente *MySQL,* ya sea en la propia red del servidor *MySQL* o de manera remota. El único requisito sería tener instalado el *software* de cliente-*MySQL* y poseer las credenciales para acceder al servidor. De esta manera existen clientes *MySQL* para los diferentes sistemas operativos y sus distintas versiones o distribuciones.

Los **conectores** son bibliotecas informáticas implementadas con diferentes lenguajes de programación cuyo objetivo es permitir la conexión a un servidor *MySQL,* ya sea de forma local o remota, y poder ejecutar todo tipo de sentencias propias de *MySQL.* Un ejemplo sería la biblioteca JDBC, empleada para conectar cualquier aplicación programada en *Java* con el servidor *MySQL.*

 Definición

Biblioteca informática
Es un conjunto de implementaciones escritas en un lenguaje determinado. La principal diferencia entre biblioteca y programa o aplicación es que la biblioteca no se ejecuta de forma autónoma, sino que su fin es ser usada por otros programas o aplicaciones independientes.

El **gestor de conexiones** es el encargado de mantener varias conexiones.

El **procesador de consultas** analiza las sentencias y produce una representación intermedia de la misma. En ese momento, *MySQL* valora las diferentes opciones que puede tomar: entre estas opciones pueden estar el uso de un índice o determinar el orden de lectura de una tabla o la reescritura, es decir, la optimización.

El **optimizador de consultas** es probablemente el componente más complejo de los procesos que lleva a cabo *MySQL*. En primer lugar conviene conocer por parte del usuario o administrador que este optimizador es mucho más eficiente si la configuración de los permisos del usuario que realiza la consulta es simple, es decir, una configuración compleja de permisos lleva consigo una ralentización en el proceso de optimizar. Por ejemplo, si un usuario tiene limitado el uso de recursos, el optimizador de consultas deberá llevar un conteo en todo momento con todas las sentencias ejecutadas por dicho usuario. En estos aspectos habrá que valorar y alcanzar un equilibrio entre seguridad y eficiencia.

Una función útil para comprobar la eficiencia de las funciones propias de *MySQL* es la función BENCHMARK (número de iteraciones, expresión). Esta función siempre devuelve como resultado 0, pero lo importante no es el resultado, sino el tiempo de ejecución.

Ejemplo

Se podría ejecutar desde el cliente o desde el propio servidor *MySQL* la siguiente consulta:

SELECT BENCHMARK (500000, 3+2);

```
mysql> SELECT BENCHMARK(500000, 3+2);
+------------------------+
| BENCHMARK(500000, 3+2) |
+------------------------+
|                      0 |
+------------------------+
1 row in set (0.02 sec)
```

BENCHMARK MySQL

Como se puede observar en la imagen, el resultado es 0, y el tiempo empleado es 0.02 segundos para ejecutar medio millón de operaciones simples de suma.

Otra función muy útil, además de usada por la comunidad de *MySQL,* es EXPLAIN. Esta sentencia muestra información sobre como *MySQL* ejecuta una consulta SELECT. La estructura sería la siguiente: EXPLAIN SELECT **opciones_select.** Cuando se ejecuta una sentencia SELECT precedida de EXPLAIN *MySQL* muestra información del optimizador de consultas sobre cómo este llevaría a cabo el plan de ejecución.

EXPLAIN también puede ayudar a decidir si usar índices o no con el fin de que las sentencias SELECT encuentren el resultado más rápidamente. Además, EXPLAIN es usado para observar cómo y en qué orden se ejecutarían los JOINS en una consulta, y si ese no es el orden más óptimo podría ser modificado con la expresión: SELECT STRAIGHT_JOIN en vez del uso de SELECT.

Definición

Índice

Es una estructura de datos que mejora u optimiza la velocidad de las consultas a través de un identificador único por cada fila de una tabla. Como consecuencia se produce un acceso muy rápido a los registros de una tabla. Su uso se justifica en recursos con cierto nivel o frecuencia de accesos.

Join

La sentencia JOIN en SQL y en una base de datos relacional permite combinar registros de dos o más tablas. Hay dos tipos: interno y externo, INNER JOIN y OUTER JOIN, respectivamente.

EXPLAIN está compuesto por varias columnas, de manera que al ejecutarse siempre devuelve una tabla con una serie de columnas:

Columnas EXPLAIN	
ID	Identificador de la consulta SELECT.
SELECT_TYPE	Tipo de SELECT *(simple, primary, union, subquery, etc.)*.
TABLE	La tabla a la que se hace referencia.
TYPE	El tipo de join *(system, const, ref, etc.)*.
POSSIBLE_KEYS	Indica qué índices pueden ser usados para encontrar las filas de la tabla. Si es Null es que no hay índices relevantes.
KEY	Indica el índice que *MySQL* decide usar.
KEY_LEN	Muestra el tamaño del índice que *MySQL* decide emplear.
REF	Muestra qué columnas o constantes son usadas en el índice.
ROWS	Indica el número de filas que *MySQL* cree que debe examinar para ejecutar la consulta.
EXTRA	Esta columna contiene información de cómo *MySQL* resuelve la sentencia.

Al ejecutar EXPLAIN se mostraría una fila con cada una de las columnas que muestra la tabla anterior por cada tabla examinada.

Ejemplo

Con EXPLAIN se podría hacer sobre la tabla "user" de la base de datos por defecto de *MySQL* llamada *"MySQL"*.

```
mysql> EXPLAIN SELECT * FROM mysql.user;
+----+-------------+-------+------+---------------+------+---------+------+------+-------+
| id |select_type| table| type |possible_keys| key  | key_len| ref  | rows | Extra|
+----+-------------+-------+------+---------------+------+---------+------+------+-------+
|  1 |SIMPLE       | user | ALL  |NULL           | NULL | NULL    | NULL | 10   |       |
+----+-------------+-------+------+---------------+------+---------+------+------+-------+
1 row in set (0.00 sec)
```

EXPLAIN MySQL

Se puede observar que la sentencia ejecutada es: "EXPLAIN SELECT * FROM MySQL.user", y en los resultados de la consulta se muestra el "id", "select_type", que en este caso es "SIMPLE", el nombre de la tabla "user", no se usa JOIN, con lo que el "type" sería "ALL". Al no llevar índices los campos "possible_key, key, key_len y ref" son "NULL". Por último, el número de filas sería 10, campo "rows" y "Extra" estaría vacío. Es una consulta sencilla.

Actividades

1. Busque en internet el cliente adecuado a su sistema operativo personal.
2. Busque en internet cómo se implementaría un índice en *MySQL*.

La **caché de consultas** es donde *MySQL* guarda consultas y sus resultados, de ahí que el procesador de consultas, antes de pasar la consulta al optimizador, realice una búsqueda en la caché, y en el caso de encontrar dicha consulta en la caché se "ahorra" todo el proceso de optimización.

El **control de concurrencia** simplemente gestiona la concurrencia en el SGBD de *MySQL*. El mecanismo usado para controlar esta concurrencia es el de bloqueos, un procedimiento muy usado en informática. Este consiste en bloquear los recursos sobre la parte de los datos que estén siendo sometidos a una operación de modificación de manera que ningún otro usuario tendría acceso de modificación a esos mismo datos. La idea es sencilla: en un servidor de *MySQL* con cierta carga de usuarios pueden darse muchos bloqueos y desbloqueos, por tanto, se puede producir una carga de procesamiento muy elevada dentro del servidor. Por ello *MySQL* usa varias técnicas de bloqueos en colaboración con cada gestor de almacenamiento.

Aunque la implementación de estos bloqueos es relativamente trivial en el campo de la informática, *MySQL* usa diferentes técnicas para implementar estos bloqueos y desbloqueos, ya que en un servidor con un gran volumen de usuarios se puede producir un procesamiento elevado, no siendo sencilla la implementación de estos bloqueos para mantener cierta eficiencia de respuesta.

Por último, la **gestión de transacciones y recuperación** permite deshacer o confirmar una o varias consultas, es decir, una transacción. Esto es muy útil en caso de errores o ejecución parcial de una transacción, de manera que se deshace lo hecho hasta ese momento. Las dos cláusulas usadas para confirmar y deshacer serían "commit" y "rollback", respectivamente.

2.2. Oracle

La arquitectura *Oracle* se define como SGBD que proporciona un enfoque abierto, global e integrado de la gestión de la información. Los objetivos principales son:

- Gestionar la información.
- Optimizar el rendimiento.

- Gestionar la seguridad.
- Recuperar el sistema en caso de fallo.
- Soportar un sistema multiusuario.

La arquitectura de *Oracle* tiene tres partes fundamentales: la estructura de memoria, estructura de procesos y estructura de almacenamiento. Es decir, todo servidor *Oracle* está compuesto por la instancia (memoria + procesos) y la base de datos.

En la siguiente imagen se puede observar un esquema general de la arquitectura *Oracle:*

Arquitectura Oracle

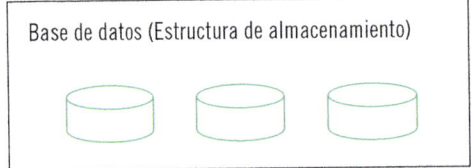

Instancia Oracle

Es el medio de acceso a una base de datos *Oracle,* y solo se le puede asignar una única base de datos, aunque en sistemas clusterizados varias instancias pueden estar asociadas a la misma base de datos. Se compone del área global del sistema SGA *(System Global Area)* y de los procesos.

El SGA recibe también el nombre de área global compartida, ya que se usa para almacenar información de la base de datos que comparten los procesos de base de datos. Además, también contiene datos e información de control. Para poder visualizar las asignaciones de memoria SGA existe una sentencia: **show sga.**

Ejemplo

En la siguiente imagen se muestra el resultado de ejecutar la sentencia **show sga**:

```
Conectado a:
Oracle Database 11g Enterprise Edition Release 11.2.0.1.0 - Production
With the Partitioning, OLAP, Data Mining and Real Application Testing options

SQL> show sga;

Total System Global Area 1640484864 bytes
Fixed Size                   1336876 bytes
Variable Size             1101104052 bytes
Database Buffers           436207616 bytes
Redo Buffers                11755520 bytes
SQL>
```

Show sga Oracle

El campo "Fixed Size" indica el tamaño que se usa en SGA para almacenar algunas variables útiles para la gestión de la memoria. Este valor varía dependiendo del sistema operativo y de la versión, aunque siempre suele ser muy pequeño por el tipo de información que contiene.

"Variable Size" contiene "shared pool", "large pool" y "Java pool", principalmente.

Nota

En las siguientes líneas se explicará con detenimiento cada de las partes o estructuras de memoria, aunque es interesante conocer el dato de la memoria total del SGA, que en este caso alcanza los 1,5 GB.

El área SGA está formada por varias estructuras de memoria:

- ■ *Conjunto compartido o "shared pool":* se utiliza para guardar las últimas sentencias *SQL* ejecutadas, así como las últimas definiciones de datos usadas. A su vez, el "shared pool" se compone de:

  - ▮ **Caché del diccionario de datos:** el almacenamiento del diccionario de datos en una caché mejora considerablemente el tiempo de respuesta de diferentes consultas y operaciones.
  - ▮ **Caché de biblioteca:** almacena información acerca de las sentencias *SQL* y *PL/SQL* utilizadas más recientemente. Está gestionada por un algoritmo LRU *(Last Recently Used).*

- ■ *Caché de buffers:* almacena copias de bloques de datos que se han recuperado de diferentes archivos. Permite mejoras en el rendimiento al obtener y actualizar datos. Al igual que la caché de biblioteca está gestionada por un algoritmo LRU.
- ■ *Buffers de redo log:* es un dispositivo de seguridad. Registra todos los cambios realizados en los bloques de datos de la base de datos, por lo que su principal finalidad sería la recuperación.

Recuerde

El diccionario de datos almacena la información referente a tablas, usuarios, privilegios o permisos, índices, etc. En definitiva, todos los objetos que forman parte del catálogo del sistema.

Por otro lado, los "Java pool" y "Large pool" son otras partes del SGA que se utilizan para almacenar programas en *Java* o para liberar al "Shared pool" de su carga, respetivamente. "Large pool" almacena un poco de todo: sesiones compartidas, esclavos de entrada/salida para hacer *backups* y *recovery,* sentencias paralelas, etc. "Streams pool" se usa para intercambiar información entre distintas bases de datos y "database buffer cache" se usa para almacenar los bloques leídos desde discos duro. A partir de la versión de SGBD *Oracle 10G,* las distintas partes del SGA pueden crecer en detrimento de otras si así fuese necesario.

Dentro de la memoria utilizada por el SGBD *Oracle* también se puede distinguir un área global de programas o *PGA (Programm Global Area).* El PGA es una región de la memoria que contiene los datos y la información de control del proceso servidor y cliente. El PGA se asigna cuando se crea un proceso y se libera cuando finaliza. A la hora de configurar un SGBD *Oracle* se debe elegir entre usar el modo compartido o dedicado dependiendo si el servidor es dedicado o compartido. Este es el proceso servidor de todo usuario *Oracle:* si fuese compartida la configuración este proceso UGA se compartiría entre múltiples usuarios, y en ese caso, el UGA se trasladaría del PGA al "shared pool" o "large pool", quedando en el PGA tan solo la pila de espacios *(stack spaces).* Por último, añadir que cuando la configuración es dedicada el UGA contiene la siguiente información:

- Información de sesión.
- Cursores abiertos.
- Zonas específicas para ordenaciones, creación de índices tipo BITMAP, etc.

Definición

Índice BITMAP

Son índices que se usan para columnas cuyo rango de posibles valores es acotado y redu-cido. Por ejemplo, columnas que hagan referencia al sexo o estado civil de un individuo, o tipos de datos booleanos.

La segunda parte en la que se compone la instancia *Oracle* son los **proce-sos.** Estos mantienen y fuerzan las relaciones entre estructuras físicas y de memoria. Existen tres tipos de procesos:

- *User process:* es la aplicación o herramienta que utiliza el usuario para conectarse a un servidor *Oracle*.
- *Database processes:* que a su vez se compone de:

  - *Server process:* se ejecutan cuando un usuario comienza una sesión y se conecta a la instancia *Oracle*.
  - *Background processes:* estos se ejecutan cuando arranca la instan-cia. Se dedican al mantenimiento de la instancia.

- *Daemon processes:* se trata de procesos que conectan el proceso de usuario con el proceso servidor correspondiente, también hay *daemon processes* encargados de la arquitectura GRID.

Algunos de los procesos *background* más destacados son:

- *Database writer process (DBWn):* escribe el contenido del *buffer* de base de datos en disco. En el *database buffer cache* existe una lista *(dirty list)* donde están marcados aquellos bloques de datos que han sido modifi-cados. Estos bloques modificados tienen un número asignado, el SCN *(System Change Number)*, que informa del momento del cambio y que será heredado por la información de REDO referente a dicho cambio. Este proceso también actúa cuando se lo pide el proceso CKPT.

- **Log writer process (LGWR):** es el responsable del mantenimiento del *buffer de redo,* escribiendo las entradas de dicho *buffer* a un fichero en disco. Este proceso se ejecuta cuando:

    - Un proceso de usuario hace COMMIT de una transacción.
    - El *buffer de redo* está ocupado.
    - Periódicamente cada tres segundos.

- **Checkpoint process (CKPT):** es el encargado de actualizar el SCN en las cabeceras de los ficheros de control y en los ficheros de datos. Ese SCN garantiza que todos los cambios realizados en los bloques de datos anteriores a ese momento hayan sido escritos a disco.
- **System monitor (SMON):** lleva a cabo la recuperación durante el arranque de la instancia si fuera necesario. También es el responsable de la limpieza de segmentos temporales (partes del disco duro) que no están en uso. SMON funciona de forma autónoma, aunque también puede ser llamado por otros procesos.
- **Process monitor (PMON):** cuando se produce un fallo en un proceso de usuario este proceso se encarga de liberar aquellos recursos que dicho proceso de usuario estaba utilizando, además de limpiar el *database buffer cache.* También elimina las sesiones que han sobrepasado el tiempo de conexión permitido *(timeout).* Por último, comunica periódicamente al *listener* que la instancia está "viva" y que permita la entrada de procesos.
- **Archiver processes (ARCn):** la base de datos puede funcionar en dos modos:

    - **NO ARCHIVELOG:** es el modo por defecto. Los archivos de REDO son cíclicos. Los cambios no se guardan eternamente.
    - **ARCHIVELOG:** el proceso ARCn se encarga de hacer copias de seguridad de los archivos de REDO. Es el modo necesario para hacer *backups* y *recovery* y el utilizado por todas las bases de datos en producción.

Definición

Listener
Es un proceso del servidor que debe estar activado para que se pueda establecer una conexión cliente-servidor.

Actividades

3. El proceso SMON es unos de los más importantes en la correcta gestión de una base de datos *Oracle*. Es un proceso que generalmente se comporta de manera autónoma pero en algunos escenarios puede ser llamado por otros procesos. Busque un ejemplo donde suceda esto.

Base de datos Oracle

Es un conjunto de datos que se trata como una única unidad. Una base de datos consta de una estructura lógica que posteriormente se traduce a una estructura física formada por archivos del sistema operativo. La estructura lógica se compone de tres tipos de archivos:

- *Archivo de datos:* contienen los datos reales de la base de datos.
- *Archivos de control:* contienen información necesaria para mantener y verificar la integridad de la base de datos.
- *Archivos de redo log:* contienen un registro de los cambios efectuados en la base de datos para activar la recuperación de la información en caso de fallo.

Además, el SGBD *Oracle* utiliza una serie de archivos que realmente no forman parte de la base de datos:

- **Archivo de parámetros:** define las características de la instancia *Oracle*, como por ejemplo, el tamaño del SGA.
- **Archivo de contraseñas:** que contiene información sobre los distintos usuarios y sus contraseñas.
- **Archivos log:** son copias *offline* de los archivos de *redo log*.

3. Gestor de ficheros

Cada SGBD varía en la forma de almacenar la base de datos física, y tal como sabe, hay SGBD que tienen una mayor autonomía a la hora de gestionar sus ficheros y otros reutilizan y delegan muchas de las operaciones en el sistema operativo.

A continuación se detallará la gestión de los ficheros tanto en *MySQL* como en *Oracle*, y se podrá observar que son sensiblemente diferentes.

3.1. Gestión de los ficheros en MySQL

En *MySQL* la gestión de los ficheros depende en gran medida del motor de almacenamiento que se emplee. A continuación se verán algunos motores de *MySQL*, así como las diferentes perspectivas respecto a la gestión de los ficheros.

MyISAM

Es el motor de almacenamiento por defecto de *MySQL*. Cada tabla de *MySQL* se almacena en tres ficheros. En los tres casos los ficheros se llaman igual que la tabla pero con extensión diferente:

- Extensión **.frm:** almacena la definición.
- Extensión **.MYD:** almacena el fichero de datos.
- Extensión **.MYI:** almacena el fichero índice.

Este motor también proporciona diferentes herramientas a nivel de archivos, como pueden ser **myIsamchk,** cuya utilidad es la de chequear y reparar tablas, y **myIsampack,** que es una herramienta cuyo fin es el de comprimir tablas de manera que se vea reducido el espacio que ocupa en disco.

Además, este motor tiene las siguientes características (entre otras muchas):

- Todos los datos almacenados son independientes del sistema operativo. Tan solo en algunos sistemas empotrados se presentaría algún tipo de incompatibilidad.
- Poca fragmentación con borrados, modificaciones e inserciones, ya que los registros son de tamaño dinámico.
- Maneja ficheros de longitud máxima de 63 bits.
- Límite de 64 índices por tabla.
- Si el fichero de datos de una tabla no tiene bloques libres en medio podrían realizarse operaciones concurrentes de inserción y lectura sobre esa tabla.

Actividades

4. Si fuese necesario elegir un motor de almacenamiento de MySQL, y se tiene constancia que el número de búsquedas "full-text" que se realizará contra la base de datos será elevado, ¿qué motor de almacenamiento sería el más conveniente?

InnoDB

Este motor de almacenamiento, junto a *MyISAM,* es uno de los más populares en *MySQL.* Quizás, una de las principales características de este motor sea la lectura adelantada, para ello emplea dos métodos diferentes:

- **Secuencial:** si el motor percibe que el acceso a la tabla es secuencial envía por adelantado al sistema de entrada/salida un lote de lectura de la base de datos.

- **Aleatoria:** en este método, cuando el motor se percata que un segmento del espacio de tablas está a punto de ser leído completamente, envía las lecturas restantes por adelantado al sistema de entrada/salida.

Otra característica destacable de este motor es el ***doublewrite*** o **escritura doble.** Este sistema mejora el rendimiento de la mayoría de los sistemas operativos *UNIX* en cuanto a la gestión de la escritura de datos en un fichero. Consiste en escribir todos los datos en un área contigua del espacio de tablas llamado ***buffer doublewrite*** y cuando así lo determina descarga esa información en el fichero de datos adecuado. En caso de fallo o problema del sistema se podría encontrar una copia en perfecto estado en este búfer.

En cuanto a cómo *InnoDB* gestiona el espacio en disco, cabe decir que se define un **espacio de tablas** formado por un conjunto de **ficheros** de datos. Cada uno de estos ficheros se denomina **segmentos.** A su vez este espacio de tablas está formado por **áreas** de 64 páginas de base de datos, y cada página tiene un tamaño por defecto de 16 KB.

 Aplicación práctica

Siendo el motor empleado *InnoDB,* si el segmento aumenta dentro del espacio de tablas y el motor asigna 4 áreas, ¿cuántos Mb habrá asignado si cada página tiene un tamaño un 50 % mayor que su valor por defecto?

SOLUCIÓN

Si la página tiene un tamaño de un 50 % más que el de su valor por defecto, quiere decir que su tamaño es de 16 Kb * 1,5, es decir, 24 Kb. Como en este caso asigna 4 áreas, y cada área está formada por 64 páginas, se tendría un total de (64 * 4) 256 páginas, es decir, (256 páginas * 24 Kb) 6.144 Kb.

Como el resultado se solicita en Mb se realiza el cálculo: 6.144 / 1.024 (que son los Kb que tiene un Mb) = 6 Mb.

Otros motores

En *MySQL* hay varios motores más: algunos no admiten operaciones de borrado o modificación, ganando con ello mayor eficiencia en cuanto a la gestión de ficheros, otros tienen los datos en memoria para luego enlazar esa información a disco, etc. Además, *MySQL* permite motores externos a los que trae por defecto.

3.2. Gestión de los ficheros en Oracle

En *Oracle* la gestión de los ficheros es más compleja desde el punto de vista de la arquitectura, pero más simple desde el punto de vista del administrador de la base de datos, y esto es debido en gran medida a una herramienta creada por *Oracle* a partir de la versión 10G, **ASM.**

 Actividades

5. Indique si se puede instalar *Oracle 11G* sin *ASM.* Justifique su respuesta.

En primer lugar hay que detallar las diferentes estructuras de ficheros que constituyen una base de datos *Oracle:*

- *Control files:* contienen la información sobre la estructura física de la base de datos. Sin ellos los ficheros de datos no pueden ser accesibles.
- *Data files:* contienen los datos, además del diccionario de datos.
- *Parameter file:* son los parámetros de configuración de la instancia *Oracle.* Estos son consultados durante el arranque de la instancia.
- *Password file:* de aquí se pueden extraer las credenciales de los roles de administración de la base de datos cuando se accede desde remoto.

- **Backup files:** se usa para la recuperación de la base de datos, en concreto cuando hay un fallo físico, como por ejemplo, que se pierda algún archivo original de datos.
- **Online redo log files:** permite la recuperación de la base de datos, en este caso, si no ha habido daño físico y el servidor cae la instancia puede recuperarse con la información de estos ficheros.
- **Archived redo log files:** es una copia de seguridad de los archivos *online redo log files.*
- **Alert log and trace files:** almacena información de los errores y las trazas.

ASM

Automatic Storage Management gestiona de forma automática el almacenamiento. Este sistema permite gestionar la distribución de los datos, ya sea un solo disco o varios, también es capaz de gestionar las copias de seguridad de forma autónoma.

Arquitectura ASM

ASM está compuesto por un **grupo de discos.** Este grupo de discos puede estar formado por uno o más discos que ASM gestiona como un único ente. Estos discos contienen **archivos ASM** (no necesariamente estos archivos deben pertenecer a una única base de datos). También, una base de datos puede tener repartidos sus archivos ASM por distintos grupos de discos, tal como se muestra en la siguiente imagen, donde se puede observar como la base de datos 1 y 2 tienen archivos en dos grupos distintos de ASM.

Una vez vistos los conceptos de grupo de discos ASM y archivos ASM se puede decir que los archivos ASM son una colección de **extensiones** de **AU** *(Allocation Units)* que son la unidad mínima de almacenamiento dentro de un disco ASM. El valor por defecto de la AU es de 1 Mb, aunque este valor se puede modificar.

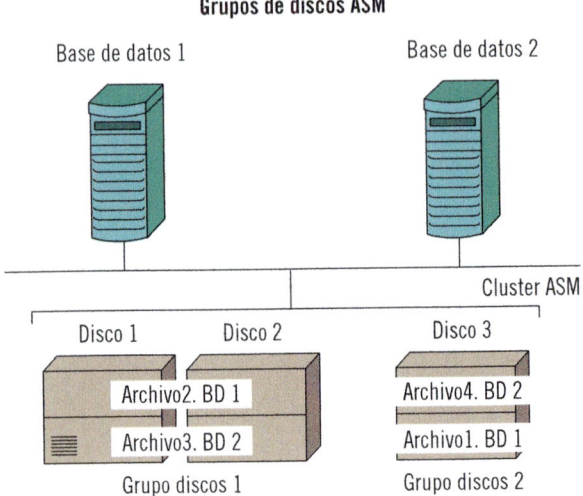

Grupos de discos ASM

Actividades

6. Busque en internet si el número de AU por extensión es siempre el mismo en *Oracle 11G*.

ASM mirroring y stripping

El *mirroring* consiste en tener la información duplicada tantas veces como la situación y recursos lo requieran con el objetivo de ganar en disponibilidad ante fallos. En segundo lugar, *stripping* es un método por el cual la información se segmenta y se distribuye por diferentes discos, ganando con ello en velocidad de acceso.

Pues bien, estos dos términos en ASM se desarrollan a continuación.

Coarse-grain stripping

Es un tipo de *stripping* donde las AU de cada fichero ASM estarán distribuidas a lo largo de los discos ASM. Se muestra en la siguiente imagen un grupo de discos con cuatro AU distribuidas lo más unifor-memente posible, de manera que en el caso de disponer una AU adi-cional ASM lo incluiría en uno de los discos que aún no tienen nada, intentando siempre la distribución uniforme.

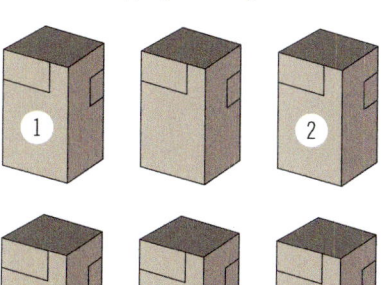

Stripping coarse -grain

Grupo de discos ASM

Actividades

7. Si en la imagen anterior ASM tuviera que ubicar dos AU adicionales, ¿en qué discos no lo haría?

Fine-grain stripping

Es el segundo tipo de *stripping*. En este, cada AU es dividida en va-rios trozos, y cada uno de estos trozos se almacena de forma distribui-da por los discos. En la siguiente imagen se muestra un distribución por el grupo de discos óptima, ya que una AU es divida en trozos por los cuatro discos que tiene el grupo de discos ASM.

Stripping fine-grain

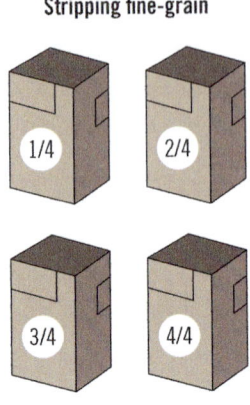

Grupo de discos ASM

Mirroring

Por otro lado, el *mirroring* consiste en tener la misma información en, al menos, dos discos. En la siguiente imagen se puede ver un ejemplo de *mirroring* con un grupo de discos ASM de cuatro discos, y dos AU repartidas en dos discos.

Mirroring

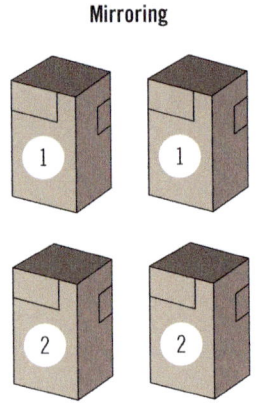

Grupo de discos ASM

Ejemplo

Un ejemplo de cómo actuaría ASM *stripping* y *mirroring* ante un fallo podría ser el siguiente:

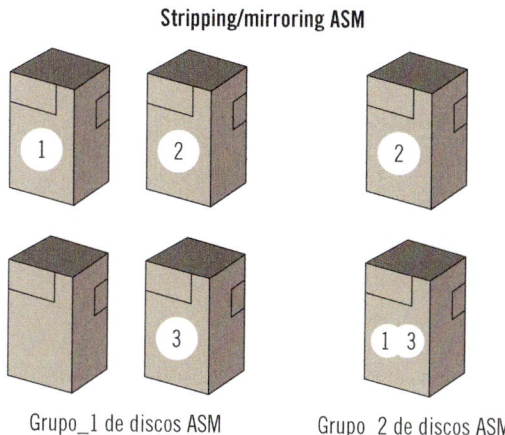

Stripping/mirroring ASM

Grupo_1 de discos ASM   Grupo_2 de discos ASM

Se observan dos grupos de discos ASM y tres AU que se distribuyen por varios discos *(stripping)*, además de estar replicadas *(mirroring)*. Siempre se intenta que las réplicas no estén en un mismo grupo de discos, si las circunstancias así lo permiten.

En caso de fallo, por ejemplo, uno de los discos del Grupo_2 de discos ASM ha caído.

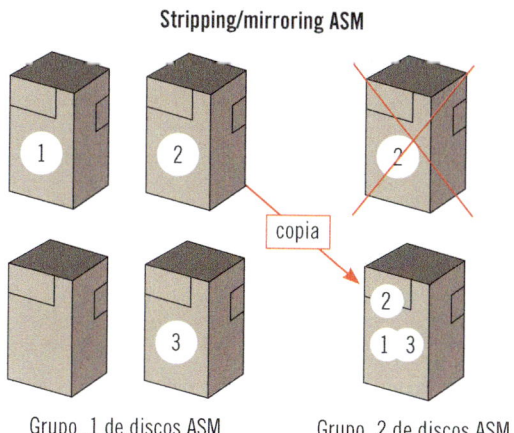

Stripping/mirroring ASM

Grupo_1 de discos ASM   Grupo_2 de discos ASM

Continúa en página siguiente >>

<< Viene de página anterior

Por lo que la AU 2 es copiada al disco del Grupo_2 ASM que hay. Es interesante ver como los grupos de discos funcionan como un conjunto.

Aplicación práctica

En el ejemplo anterior sobre mirroring y stripping, ¿qué pasaría si se produce un fallo en el disco que tiene la AU 3 del Grupo_1 de discos ASM?

SOLUCIÓN

La solución óptima que aplicaría ASM sería copiar la AU 3 del Grupo_2 de discos ASM al disco del Grupo_1 que aún está libre, tal como muestra la siguiente imagen.

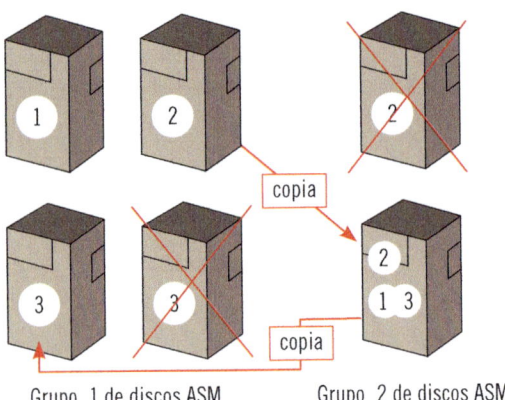

Grupo_1 de discos ASM   Grupo_2 de discos ASM

La instancia ASM

Es tal la envergadura de ASM que al igual que la base de datos tiene su propia instancia, y también, como sucede con la base de datos, está formada por una estructura de memoria y de procesos que guarda cierto parecido con la estructura de la base de datos, como se puede observar en la siguiente imagen.

Instancia ASM

En el caso de la instancia ASM su memoria SGA está divida en cuatro partes:

- **Shared pool:** cuya misión es almacenar los metadatos.
- **Large pool:** se usa para operaciones paralelas.
- **ASM caché:** su utilidad es leer y escribir bloques durante las operaciones de rebalanceo.
- **Free memory:** tal como indica su nombre, sería la memoria libre disponible.

En cuanto al tamaño de SGA, este depende en gran medida de cómo estén configurados los discos ASM en el sistema, pero *Oracle* recomienda un mínimo de 256 Mb para su correcto funcionamiento. Además de la memoria, y como sucede en la instancia de la base de datos, hay también procesos, aunque hay que destacar que a pesar de encontrar procesos de la instancia ASM con el mismo nombre que los usados en la instancia de base de datos su funcionalidad es totalmente diferente.

Actividades

8. En ejemplos y aplicaciones prácticas anteriores se ha analizado como gestiona ASM los fallos de discos, pero, ¿qué sucedería si el disco que falló vuelve a estar disponible?

Beneficios de ASM

ASM reduce en gran medida la dependencia que había entre el administrador de base de datos y el administrador de sistemas: son muchas las operaciones que ASM permite realizar con la gestión de ficheros e información, por ejemplo, crear discos nuevos, mover información de un disco a otro, etc.

Gran parte de las tareas propias del administrador, muchas de ellas manuales, provocaban errores. Con ASM muchas de estas tareas pasan a ser automatizadas, con lo que ese riesgo de error se ve drásticamente reducido.

Además ASM elimina:

- **I/O performance tunning:** es decir, el administrador no tiene que prestar atención a la gestión de *mirroring* y balanceo de carga en los sistemas de discos.
- **Data file movements:** ASM gestiona el emplazamiento idóneo de los ficheros, con ello mejora el rendimiento y la eficiencia.
- **File name management:** ya no sería necesario establecer una política de nombres para los ficheros de base de datos.
- **Logical volumen, file system, cluster file o raw device management:** son elementos de almacenamiento que dejarían de existir con la gestión que ASM realiza.

4. Procesador y compilador del DML

Las siglas DML *(Data Manipulation Lenguage)* hacen referencia al lenguaje de manipulación de datos usados en los SGBD. Este lenguaje tiene por objetivo proporcionar un conjunto de operadores y reglas para permitir manipular los datos contenidos en una base de datos. El lenguaje más conocido es *SQL,* lenguaje usado en las bases de datos relaciones. Existen otros lenguajes o DML usados en bases de datos *CODASLY* o *IMS/DL1,* entre otros.

Las operaciones de manipulación de datos son las siguientes:

- Extracción de los datos existentes en la base de datos.
- Inserción de datos nuevos en la base de datos.
- Modificación de datos ya almacenados en la base de datos.
- Borrado de datos de la base de datos.

Sin duda, una de las funciones principales de un SGBD es proporcionar este lenguaje para que el usuario interactúe con los datos almacenados en la base de datos. Estas operaciones se aplican al nivel externo e interno, así como conceptual del SGBD, aunque los procedimientos que interactúan con el nivel interno son bastante complejos. Sin embargo, en los niveles conceptual y externo sí que es más sencilla esta interacción para facilitar al usuario la tarea de enlazar con el sistema.

4.1. Clasificación de los DML

Se clasifican en dos grandes grupos: los lenguajes procedimentales y los no procedimentales.

Los **lenguajes procedimentales** permiten al usuario comunicarle al sistema qué datos necesita y cuál sería la forma concisa de poder extraerlos. Es decir, que el usuario debe detallar todas las operaciones o procedimientos a ejecutar para obtener la información deseada.

Por el contrario, los lenguajes **no procedimentales** permiten al usuario indicar los datos que quiere obtener, pero no es necesario indicar cómo extraerlos.

Esto hace que el usuario no necesite conocer las implementaciones, así como la estructura de la base de datos. Los lenguajes no procedimentales también se conocen como lenguajes declarativos.

4.2. Instrucciones DML

Como se indicó anteriormente, *SQL* es el lenguaje más usado en los SGBD. A continuación se describirán las instrucciones *DML* de *SQL*.

 Nota

Todas las instrucciones presentadas en los ejemplos siguientes son para *Oracle 11Gr2.*

SELECT

Consulta de datos. La función de SELECT extrae y muestra los datos de una o más tablas de la base de datos, posiblemente el comando más usado en *SQL*. La estructura simple de esta sentencia o instrucción es la siguiente:

```
SELECT   [DISTINCT] {* | [nomColumna1,
nomColumna2,...nomColumnaN]}
    FROM {nombreTabla |[nomTabla1, nomTabla2...nomTablaN]}
    [WHERE condición]
    [GROUP BY listaColumnas] [HAVING condición]
    [ORDER BY listaColumnas]
```

Las únicas cláusulas obligatorias son SELECT y FROM, las demás son opcionales (las opcionales van entre corchetes '[]'). La instrucción se genera de la siguiente forma: en primer lugar se usa SELECT, después se puede usar DISTINCT, en el caso de que la salida pueda mostrar filas idénticas y no interese. Después puede ir '*' o el nombre o nombres de columna/s. El '*' mostraría todas las columnas. A continuación la cláusula FROM y justo después el nombre de la tabla/s.

Para terminar, la cláusula opcional WHERE, que indica diferentes condiciones como '>, <, >=, <=, =, ¡=', y además pueden agregarse más condiciones con AND, OR o NOT. Por último, con GROUP BY... HAVING se agrupa y con ORDER BY se podría ordenar los resultados de manera ascendente (ASC) o descendente (DESC) en función de alguna/s de las columnas.

Ejemplo

En la siguiente tabla de empleados se puede realizar la siguiente consulta de datos con la instrucción **SELECT** (Oracle 11Gr2).

Tabla_empleados				
Nombre	**Apellido**	**Fecha_nac**	**Dni**	**Num_sucursal**
Angie	García	05/07/1975	47483498E	12AB
Jesús	Fuentes	29/12/1988	40003498P	12AB
Javier	Morales	05/08/1974	42883407Y	458U
María Soledad	Rubio	01/02/1982	37483400H	89TY
Francisco Javier	Pérez	05/02/1979	44834698T	01MN

❚ SELECT Num_sucursal
❚ FROM Tabla_empleados
❚ WHERE Num_sucursal ='12AB' AND Fecha_nac > '01/01/1975'
❚ ORDER BY Fecha_nac ASC;

Continúa en página siguiente >>

<< Viene de página anterior

Esta consulta mostraría como resultado:

12AB
12AB

Se puede observar como en este caso es indiferente tanto la cláusula ORDER BY, ya que al mostrar tan solo la columna Num_sucursal no se percibe el orden por fecha de nacimiento, como la cláusula AND, ya que en este caso ambos registros tienen como fecha de nacimiento una fecha mayor que el 01/01/1975.

Actividades

9. Indique en qué tipo de consultas podría interesar usar la cláusula opcional DISTINCT.

INSERT

Con este tipo de instrucciones se insertan o añaden datos en una tabla en forma de filas. La estructura sería la siguiente:

```
INSERT INTO nombreTabla [nomColumna1...nomColumnaN]
VALUES ('Dato1'...'DatoN')
```

Por tanto, esta instrucción comienza con INSERT INTO y a continuación el nombre de la tabla, siendo opcional especificar las columnas de manera que si no se especifica se entiende que hay que añadir datos a todas las columnas, y si se especifica significa que solo se añadirán los datos de las columnas que se indican. También en *SQL* es muy común usar el INSERT INTO nombreTabla (SELECT...), añadiendo los datos que se obtienen de la consulta SELECT.

Ejemplo

Para añadir una fila completa a la siguiente tabla, siendo el caso de añadir una nueva sucursal situada en la calle salado en Sevilla, y cuyo número de sucursal será: 23ZD.

Tabla_sucursales		
Num_sucursal	Calle	Ciudad
12AB	Los Palacios 1	Utrera
458U	Preciosa 2	Utrera
89TY	Rueda 5	Rota
01MN	Rubio 1	Torremolinos

Simplemente se ejecutaría la siguiente instrucción:

```
INSERT INTO Tabla_sucursales
VALUES ('23ZD', 'Salado 45', 'Sevilla')
```

UPDATE

La instrucción UPDATE permite modificar, o traducido literalmente, actualizar los datos existentes en una tabla especifica. La estructura sería la siguiente:

```
UPDATE nombreTabla
SET nombreColumna1 = 'Datos1' [, nombreColumna2 = 'Datos2'...]
[WHERE condición]
```

Como se ha visto en las instrucciones anteriores, los corchetes '[]' encierran las cláusulas o sentencias opcionales. La instrucción comenzaría con UPDATE seguido del nombre de la tabla que se desea modificar, posteriormente la cláusula SET y el nombre de la columna de la tabla indicada asignándole el nuevo valor. Se podrían añadir más columnas de la tabla, así como condiciones con la cláusula WHERE.

 Ejemplo

Siguiendo con la tabla de sucursales imagine que la sucursal de la ciudad de Rota cambia, pues se traslada a otra calle más céntrica, en este caso la calle Real 26.

Tabla_sucursales

Num_sucursal	Calle	Ciudad
12AB	Los Palacios 1	Utrera
458U	Preciosa 2	Utrera
89TY	Rueda 5	Rota
01MN	Rubio 1	Torremolinos

Continúa en página siguiente >>

<< Viene de página anterior

Se ejecutaría la siguiente instrucción:

```
UPDATE Tabla_sucursales
SET Calle = 'Real 26'
WHERE Ciudad = 'Rota';
```

DELETE

La instrucción DELETE se usa para borrar filas de una tabla especificada. La estructura sería la siguiente:

```
DELETE FROM nombreTabla
[WHERE condición
```

Al igual que antes, los corchetes '[]' encierran las cláusulas o sentencias opcionales. La instrucción comenzaría con DELETE FROM seguido del nombre de la tabla que se desea borrar, posteriormente la cláusula WHERE que sería opcional. Si se omitiese la cláusula WHERE se borrarían todos los datos de la tabla indicada.

Ejemplo

De nuevo en la tabla de sucursales se pide eliminar la sucursal de Utrera, cuyo número de sucursal es 12AB.

Tabla_sucursales		
Num_sucursal	Calle	Ciudad
12AB	Los Palacios 1	Utrera
458U	Preciosa 2	Utrera
89TY	Rueda 5	Rota
01MN	Rubio 1	Torremolinos

Se ejecutaría la siguiente instrucción:

```
DELETE FROM Tabla_sucursales
WHERE Num_sucursal = '12AB';
```

Nota

Se está tratando únicamente la tabla_sucursales de forma aislada, ya que si se tuviesen en cuenta las relaciones de la tabla sucursales, al eliminar una sucursal se debería considerar si se usó o no se usó la expresión opcional ON DELETE CASCADE/ON DELETE SET NULL en la creación de la tabla: en caso de no haber añadido dicha restricción no se podría eliminar nada, ya que habría una restricción de integridad referencial.

4.3. Procesado DML

Una vez realizada la sentencia o instrucción DML, ya sea procedimental o no procedimental, debe pasar por un procesador y por un compilador antes de llegar finalmente a interactuar con la base de datos.

El DML no procedimental pasa por un pre-procesado antes de pasar al procesador DML. Posteriormente, la información llega al compilador antes de llegar a la base de datos, como se puede observar en el siguiente esquema:

Esquema procesado DML

```
                            ┌─────────────────────┐
                            │ DML NO procedimental │
                            └─────────────────────┘
                                      │
                                      ▼
┌────────────────────┐      ┌──────────────────────┐
│ DML procedimental  │      │ Procesado del lenguaje│
└────────────────────┘      └──────────────────────┘
            │                         │
            └──────────┐   ┌──────────┘
                       ▼   ▼
                  ┌──────────────┐
                  │ Procesador DML │
                  └──────────────┘
                          │
                          ▼
                  ┌──────────────┐
                  │ Compilador DML │
                  └──────────────┘
                          ▲
                          │
                          ▼
                    ┌──────────┐
                    │   Base   │
                    │ de datos │
                    └──────────┘
```

Aplicación práctica

Si usando la tabla_sucursales se quisiera eliminar la sucursal de Torremolinos, y añadir una nueva en Marbella cuyo Num_sucursal es '02KS', situada en la calle 'Sol 23'. ¿Qué se debería ejecutar?

Continúa en página siguiente >>

<< Viene de página anterior

SOLUCIÓN

Se tendría que realizar una instrucción DML INSERT y otra DELETE tal que así:

```
DELETE FROM Tabla_sucursales
WHERE Num_sucursal = '01MN';


INSERT INTO Tabla_sucursales
VALUES ('02KS', 'Sol 23, 'Marbella')
```

5. Compilador del DDL

El DDL o lenguaje de definición de datos permite al usuario o administrador de la base de datos describir y definir las diferentes entidades, relaciones y atributos que sean necesarios, además de las restricciones asociadas a estas. Este lenguaje no puede emplearse para manipular datos como en el caso del DML.

5.1. Instrucciones DDL

Como se sabe, *SQL* es el lenguaje más usado en los SGBD. A continuación se describirán las instrucciones más usadas DDL de *SQL*.

CREATE

La sentencia CREATE puede llevar acompañada la cláusula SCHEMA, TABLE, INDEX o VIEW, entre otras, dependiendo de qué se necesite crear: un esquema, una tabla, un índice o una vista, respectivamente. La que con más frecuencia se usa es la instrucción CREATE TABLE:

```
CREATE TABLE nombreTabla

{nomColumna tipoDato [NOT NULL | NULL | UNIQUE]

[DEFAULT opción] [CHECK condición], [...], ...}

[PRIMARY KEY listaColumnas]

[FOREIGN KEY listaColumnasClaveExterna REFERENCES nombre
TablaPadre [ON DELETE CASCADE | ON DELETE SET NULL]]
```

La instrucción comienza con CREATE TABLE y el nombre de la tabla, después se van añadiendo columnas, al menos una. Estas columnas comienzan con el nombre seguido del tipo de dato *(integer, float, varchar, date, etc.)*, opcionalmente se puede indicar una serie de restricciones: si el dato puede ser nulo, no nulo o único, si tendrá algún valor por defecto (DEFAULT) o si el valor es acotado (CHECK). Un ejemplo de valor por defecto podría darse a la hora de definir una columna llamada estado civil, haciendo que por defecto la columna contenga el valor "soltero". Siguiendo con el ejemplo esa columna podría hacer uso de la restricción CHECK, acotando el valor a "soltero", "casado", "divorciado" o "viudo"

Finalmente, las cláusulas que controlan la integridad PRIMARY KEY para definir una columna o columnas como clave primaria o principal de la tabla, y FOREIGN KEY...REFERENCES para definir una columna o columnas como clave externa o foránea, que no es más que hacer que el valor que tenga esa columna exista en la llamada columna de "TablaPadre". Añadir que la opción ON DELETE CASCADE o ON DELETE SET NULL quiere decir que si existe una restricción de integridad a la hora de borrar una o más filas, en el primero de los casos borraría todas las relaciones asociadas con esa clave foránea, y en el segundo caso no lo borraría, sino que esa columna pasaría al valor NULL.

Ejemplo

De nuevo con la tabla de sucursales, la instrucción para definir esta tabla con la instrucción CREATE podría ser:

```
CREATE TABLE Tabla_sucursales (
Num_sucursal VARCHAR(10),
Calle VARCHAR(50) NULL,
Ciudad VARCHAR(50) NOT NULL,
PRIMARY KEY (Num_sucursal)
);
```

Tabla_sucursales

Num_sucursal	Calle	Ciudad
12AB	Los Palacios 1	Utrera
458U	Preciosa 2	Utrera
89TY	Rueda 5	Rota
01MN	Rubio 1	Torremolinos

En este ejemplo se crean las tres columnas. Todas son tipo VARCHAR con diferente longitud, 10 y 50. Calle podría ser nula pero ciudad no, y la clave principal sería el Num_sucursal.

ALTER TABLE

La instrucción ALTER TABLE puede cambiar la estructura de una tabla ya creada. El aspecto es el siguiente:

```
ALTER TABLE nombreTabla

[ADD COLUMN nomColumna tipoDato

[NULL|NOT NULL|UNIQUE] [DEFAULT opción] [CHECK condición]]

[DROP COLUMN nomColumna [CASCADE]]

[ADD CONSTRAINT nomRestricción defRestricción]

[DROP CONSTRAINT nomRestricción]

[ALTER COLUMN SET DEFAULT opción]

[ALTER COLUMN DROP DEFAULT]
```

Los parámetros son muy parecidos a la instrucción CREATE TABLE. La instrucción comienza con ALTER TABLE y nombre de la tabla que se desea modificar, y todo lo demás serían opciones, desde añadir una columna o restricción a borrar columna o restricción. Comentar que a la hora de añadir una restricción es necesario indicar si sería PRIMARY KEY, FOREIGN KEY o UNIQUE ("defRestricción"). Por otro lado, la opción CASCADE borrará en cascada todos los objetos que estuviesen referenciados por la columna borrada, no obstante, si hubiese otros objetos a los que hace referencia y se intenta borrar la columna sin indicar nada, no se realizaría la operación, ya que por defecto el valor sería RESTRICT (operación contraria a CASCADE).

Finalmente, las dos últimas opciones sirven para modificar una columna para que tenga un valor por defecto, por ejemplo, ALTER estado_civil SET DEFAULT 'soltero'. Esto modificaría la columna de nombre "estado_civil" con el valor por defecto "soltero". Y la última opción borraría todos los valores por defecto de todas las columnas que lo tengan.

Ejemplo

Una vez más se utiliza la tabla de sucursales. Ahora se usará la instrucción ALTER TABLE para modificar la estructura de esta tabla, por ejemplo, añadiendo una nueva columna llamada "País":

```
ALTER TABLE Tabla_sucursales
ADD COLUMN Pais VARCHAR(50) NULL;
```

Tabla_sucursales

Num_sucursal	Calle	Ciudad
12AB	Los Palacios 1	Utrera
458U	Preciosa 2	Utrera
89TY	Rueda 5	Rota
01MN	Rubio 1	Torremolinos

Esta instrucción crearía una nueva columna de nombre "Pais" teniendo como tipo de dato VARCHAR(50), es decir, texto con una longitud máxima de 50 caracteres, y por último, el valor nulo.

DROP TABLE

La instrucción DROP TABLE se usa para borrar una tabla. La estructura sería la siguiente:

```
DROP TABLE nombreTabla [CASCADE]
```

Esta instrucción es la más simple de todas las vistas anteriormente, y también la más peligrosa que puede ejecutar un usuario, sobre todo si el usuario tiene permisos de administrador. Como se ha comentado, la opción CASCADE eliminaría todos los objetos que hagan referencia a la tabla, por defecto, en el caso de no indicar CASCADE se haría un borrado con la opción RESTRICT. El peligro estaría en la opción CASCADE: hay que tener muy claro y conocer muy bien el modelo conceptual de la base de datos sobre la tabla que se desee borrar.

Ejemplo

Se procederá a eliminar la tabla se sucursales, para ello habrá que ejecutar:

```
DROP TABLE nombreTabla [CASCADE]
```

Esta instrucción borraría la tabla de sucursales, así como la tabla empleados, ya que la tabla empleado tiene referencias a la tabla sucursales. En el caso de no colocar la cláusula CASCADE no se produciría el borrado, porque por defecto sería RESTRICT la opción.

6. Gestión de la BD

Al igual que en epígrafes anteriores se verá la perspectiva de la gestión de la base de datos desde el punto de vista de *MySQL* y de *Oracle*. Y como sucedía en puntos tratados anteriormente, de nuevo diferirán bastante en la forma de gestionar los recursos.

6.1. Gestión de la BD en MySQL

En *MySQL, MySQLd* es el programa principal que realiza la mayoría de las tareas en la instalación de *MySQL,* además, este programa debe estar configurado como demonio para el correcto funcionamiento del servidor *MySQL.* Junto a *MySQLd* hay una serie de *scripts* (MySQL.server, MySQL-max, MySQL_install_db, entre otros) que gestionan todo lo relativo a la base de datos.

Otro aspecto muy importante en la gestión de la base de datos son los privilegios, es vital para una base de datos que los usuarios puedan ejecutar únicamente operaciones que el administrador permita hacia los diferentes objetos que componen la base de datos. Este control de privilegios tiene dos etapas en *MySQL:* en la primera se comprueban las credenciales, tanto del usuario como de la máquina que usa para la conexión, y en la segunda se verifica que el usuario tiene los permisos adecuados para utilizar el comando ejecutado.

Para la gestión de privilegios el administrador usará los comandos GRANT y REVOKE, y esto es exactamente igual en *Oracle.* Además, en *MySQL* el administrador de la base de datos inicial es el usuario "root", usuario que lleva por contraseña la elegida por el administrador en el proceso de instalación.

 **Actividades**

10. Busque en internet cómo un usuario administrador de base de datos asignaría el privilegio de lectura sobre una vista o tabla.

6.2. Gestión de la BD en Oracle

En *Oracle* la gestión de la base de datos depende tanto de la instancia de la base de datos como del ASM. El esquema general se muestra en la siguiente imagen.

Esquema gestión BD Oracle

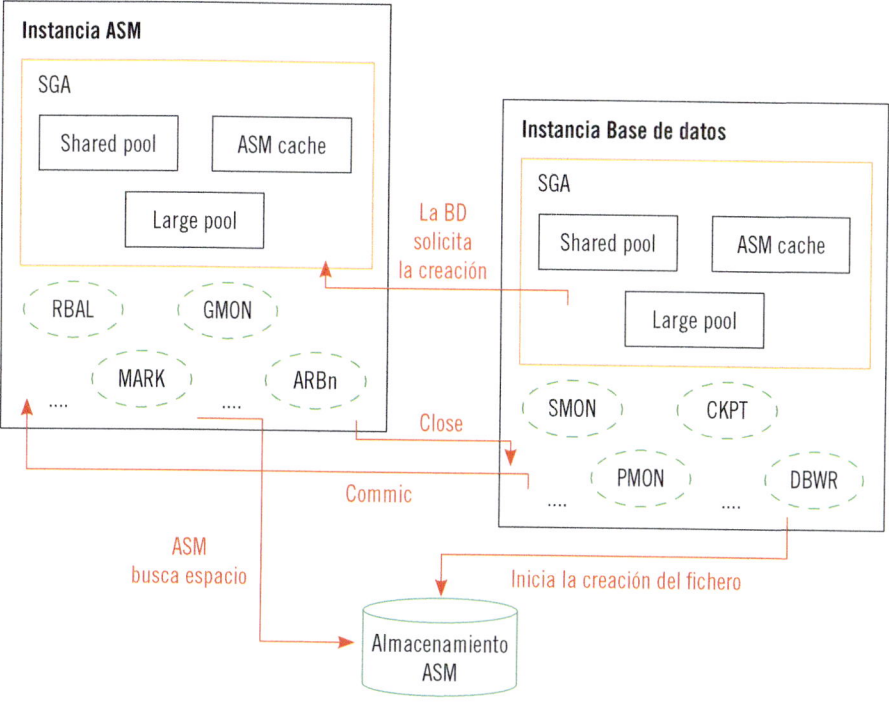

En la imagen se puede observar cómo interactúa la instancia de la base de datos con la instancia ASM en la creación de un fichero cualquiera. La cadena de acontecimiento es la siguiente:

- En primer lugar, la base de datos solicita la creación de un fichero.
- En segundo lugar, la instancia ASM busca espacio libre en alguno de los discos ASM, tratando siempre la máxima eficiencia y rendimiento.
- En el tercer paso, uno de los procesos ASM comunica un mapa de extensión para el nuevo fichero, es decir, le dice que ya tiene asignado su espacio.
- El cuarto paso es hacer que la base de datos confirme la correcta creación con la sentencia COMMIT.
- Por último, ASM cierra el fichero.

En *Oracle,* durante la instalación, se crean por defecto los usuarios SYS y SYSTEM, ambos con permisos de administración, pero además, y a diferencia de *MySQL,* con ASM se crean tres usuarios por defecto que serían:

- **SYSASM:** es el que proporciona todos los privilegios de administración sobre la instancia ASM.
- **SYSDBA:** tiene acceso a la información almacenada en ASM, además, al igual que SYSASM, también proporciona todos los privilegios de administración.
- **SYSOPER:** tan solo podrá arrancar y parar la instancia ASM, además de algunas otras operaciones sin riesgo.

6.3. *Software* para la gestión de la BD en MySQL/Oracle

Para facilitar la gestión y mantenimiento de la base de datos existen dos herramientas con entorno gráfico: *Workbench* en el caso de *MySQL,* y *Enterprise Manager* en el caso de *Oracle.*

Con respecto a *Workbench,* se trata de una aplicación en cliente compatible con sistemas operativos *Windows, Linux* y *Mac OS.* En su última versión disponible, la versión 8.0, permite auditar la base de datos en tiempo real, facilita las copias de seguridad y permite la migración de datos de forma muy sencilla, entre otras funciones que ya incorporaban versiones anteriores.

En cuanto a *Enterprise Manager* de *Oracle,* es una aplicación en servidor, por lo que para poder ejecutarla se debe estar en el entorno del servidor o mediante una conexión remota con el protocolo X11. Esta herramienta es aún más potente que *Workbench,* y a diferencia de esta, está enfocada únicamente a la gestión y mantenimiento de la base de datos, y no para lanzar sentencias DML. A continuación se muestra una imagen tanto de *MySQL Workbench* como de *Enterprise Manager* de *Oracle.*

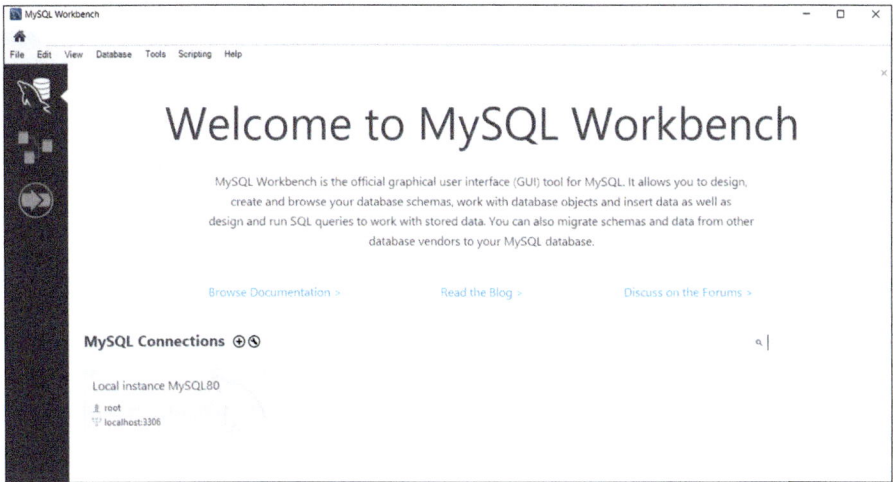

MySQL Workbench

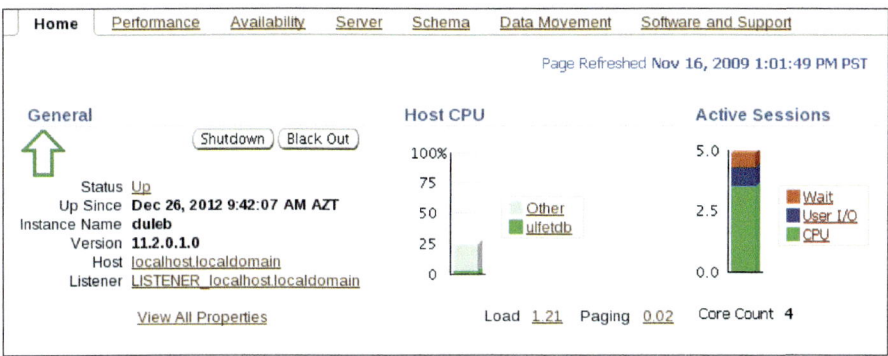

Enterprise Manager Oracle

Actividades

11. Señale qué hace o para qué sirve el protocolo X11.

7. Gestión de las conexiones y red

De nuevo se verá la gestión de la conexión desde el punto de vista de *MySQL* y *Oracle.*

En **Oracle,** en primer lugar, se debe producir la conexión a la instancia. Para ello desde un cliente *Oracle* se procede a la conexión, el cliente se ejecuta como un proceso de usuario, y en simultáneo se crea un proceso en servidor. Será este el proceso que se comunique con la instancia en nombre del proceso de usuario cliente. Así, desde ese momento se ha establecido la conexión, y por tanto el usuario cliente tendrá su sesión abierta para comenzar el trabajo con la instancia *Oracle* seleccionada.

En **MySQL,** como ya se adelantó, son los conectores los que establecen la conexión desde el cliente con el servidor *MySQL.*

Por último, destacar que la conexión se puede producir desde el propio servidor donde se encuentra instalado el SGBD: desde un cliente ubicado en la misma red, red de área local, o desde un cliente que se encuentre en una red diferente.

 Aplicación práctica

Si se encuentra en el terminal o consola de la máquina donde se halla el servidor *MySQL,* y quiere conectarse a la base de datos, ¿qué instrucción debería ejecutar?

SOLUCIÓN

La instrucción sería:

mysql –u nombreUsuario -p

Posteriormente se introduciría la contraseña.

Conexión MySQL dentro del propio servidor

Conexión remota de Oracle

8. Resumen

En el presente capítulo se ha realizado un análisis sobre la estructura funcional de los SGBD, centrándose en *MySQL* y *Oracle.*

La dificultad del funcionamiento interno de los SGBD es altamente compleja y difieren entre unos y otros, aunque existan ciertas características comunes (sobre todo si se habla del mismo tipo de SGBD, definiendo como tipo si se trata de un SGBD relacional, *noSQL*, etc.).

Procesos o tareas como la optimización de consultas, gestión de transacciones, caché de consultas o control de concurrencia están presentes tanto en *MySQL* como *Oracle,* aunque el enfoque sea diferente.

En *MySQL* toman un papel importante los motores de almacenamiento, tanto a la hora de crear una base de datos, como en la compleja interacción con el sistema operativo, en concreto, con la gestión de los ficheros o archivos. Desde *Oracle,* la herramienta ASM facilita en gran medida las tareas de un DBA o administrador de base de datos.

Los lenguajes DML y DDL son comunes en ambos SGBD. Es de vital importancia el conocimiento de ambos lenguajes para poder interactuar con las bases de datos relaciones. El tratamiento con el compilador-optimizador es similar en ambos sistemas.

En cuanto a la gestión de la base de datos y conexiones hay varias herramientas o clientes, pero *Workbench* es un todo en uno, permitiendo la gestión de la base de datos por parte del administrador, con tareas como auditado, copias de seguridad, migración y tareas propias de ejecución de consultas y gestión de conexiones. Por otro lado, la potente herramienta en servidor de *Enterprise Manager* facilita en gran medida las funciones del administrador.

Ejercicios de repaso y autoevaluación

1. ¿Qué es un conector dentro del contexto de MySQL?

_____

_____

2. ¿Cuál es la unidad mínima de almacenamiento dentro de un disco ASM de Oracle?

_____

_____

3. ¿Cuál de los siguientes componentes no forma parte del SGA?

    a. Large pool.
    b. Java pool.
    c. Shared pool.
    d. Stack space.

4. ¿Cómo podría ser más eficiente el optimizador de consultas de MySQL?

_____

_____

_____

_____

5. Indique cuál de los siguientes términos es un tipo de stripping (ASM Oracle).

    a. Mirroring.
    b. ASM cahé.
    c. Fine-grain.
    d. Shared pool.

6. Existe una herramienta que proporciona el motor de almacenamiento de MySQL MyISAM, y cuya utilidad es de la chequear y reparar tablas, ¿cómo se llama esta herramienta?

_____

_____

7. ¿Qué es el doublewrite o escritura doble?

_____

_____

_____

_____

_____

_____

_____

8. Complete los espacios libres de la siguiente oración.

El _____ consiste en tener la información duplicada tantas veces como la situación y recursos lo requieran con el objetivo de ganar en disponibilidad antes fallos. _____ es un método por el cual la información se segmenta y se distribuye por diferentes discos, ganando con ello en velocidad de acceso.

9. DML se clasifica en dos grandes grupos. ¿Cómo se llaman?

_____

_____

10. ¿Qué tamaño mínimo de SGA recomienda Oracle para ASM?

_____

_____

11. ¿Para qué sirve el Automatic Storage Management de Oracle?

_____
_____
_____
_____

12. Relacione cada una de los siguientes instrucciones con el tipo de lenguaje:

    a. DELETE FROM Tabla_sucursales;
    b. ALTER TABLE Tabla_sucursales ADD COLUMN País VARCHAR(50) NULL;
    c. DROP TABLE Tabla_sucursales;

    ___ DML.
    ___ DDL.

13. ¿Qué tres tipos de ficheros almacena el motor de MySQL MyISAM?

_____
_____
_____
_____

14. ¿Qué usuarios ASM se crean por defecto en la instalación Oracle?

_____
_____

15. De las siguientes afirmaciones indique cuál es verdadera o falsa.

    a. La instancia Oracle es el medio de acceso a una base de datos Oracle, y solo se le puede asignar una única base de datos.

        ☐ Verdadero
        ☐ Falso

b. BENCHMARK es una función útil para comprobar la eficiencia de las funciones de MySQL.

☐ Verdadero
☐ Falso

c. Los archivos de redo log de Oracle contienen información necesaria para mantener y verificar la integridad de la base de datos.

☐ Verdadero
☐ Falso

Capítulo 4

Instalación de un SGBD

Contenido

1. Introducción

Una de las tareas más importantes de un administrador de base de datos es la instalación y correcta configuración de un SGBD. Hay muchas variables a la hora de seleccionar un SGBD y sobre qué sistema operativo se instalará.

Una vez que han sido seleccionados ambos factores hay que estudiar los requisitos y diferentes parámetros de configuración: algunos SGBD son más livianos en este aspecto y otros algo más complejos y exigentes.

Otro aspecto a tener muy en cuenta es el sistema operativo sobre el que será instalado. Este capítulo se centrará en los dos sistemas operativos más usados, es decir, *Microsoft Windows* y *Linux.* El primero generalmente ofrece una configuración menos compleja, y aunque *Linux* presenta algo más de dificultad a la hora de la instalación, en contraprestación ofrece un mayor control sobre la instalación que se está realizando.

2. Determinación de un SGBD a instalar en función de unos requerimientos planteados en un supuesto

A la hora de seleccionar un SGBD hay varios factores que van a influir: las prestaciones *hardware* y *software* disponibles, la seguridad, la escalabilidad, razones económicas, diseño de la base o bases de datos, experiencia del administrador en uno u otro SGBD, etc.

El tamaño de la empresa o institución, además del presupuesto económico, determinan en gran medida la elección del SGBD, siempre partiendo de unos requerimientos iniciales.

Un buen punto de arranque sería seleccionar dos o tres SGBD candidatos en base a los parámetros comentados anteriormente. Algunos de estos parámetros pueden ser considerados como críticos, es decir, que el SGBD elegido debe adaptarse o cumplir ese parámetro, por ejemplo, si el servidor donde irá instalado es *Linux,* o si el presupuesto es de 1.000 €. Los parámetros tenidos en cuenta podrían ser:

- **Presupuesto disponible:** es uno de los factores más importantes, la cuantía que se desee invertir marcará en gran medida todo el proceso de elección.
- **Nivel de soporte proporcionado por el fabricante del SGBD:** este factor es la principal desventaja que presenta el *software* gratuito en un entorno profesional, ya que el hecho de no contar con ningún tipo de soporte puede llegar a ser un hándicap.
- **Compatibilidad con *software* y *hardware* existente:** factor también muy importante. Conlleva realizar un detallado análisis para evitar futuros problemas, que además podrían llegar a tener soluciones de gran impacto.
- **Bases de datos que soportará (Relacional-No relacional):** no es un parámetro determinante, pero sí a tener en cuenta, sobre todo si ya está definida la base de datos.
- **Volumen de datos:** un estudio sobre el volumen de datos actual y una estimación del futuro a largo plazo pueden llegar a ser también factores importantes a la hora de seleccionar un SGBD.
- **Rendimiento:** es clave no solo en la selección del SGBD, sino que también en la versión o configuración del mismo.
- **Gestión de transacciones:** fundamental realizar un análisis sobre el tipo de transacciones que gestionará, número de usuarios, etc. para poder seleccionar la solución más eficiente.
- **Accesibilidad:** aunque generalmente este parámetro varía poco de un fabricante a otro, siempre será positivo un pequeño análisis para evitar sorpresas futuras.
- **Seguridad:** podría llegar a ser un factor vital, aunque si ese fuese el caso, lo más recomendable sería invertir en *software* o *hardware* de terceros.
- **Otros parámetros:** analizar cualquier otro parámetro que el administrador considere oportuno.

En cuanto a la información relativa al producto, es decir, a los SGBD, puede servir de ayuda consultar la información en la web oficial de cada uno de los fabricantes, consultar a empresas o instituciones que ya tengan ese SGBD o usar internet para buscar comparativas entre SGBD, y por supuesto, la propia experiencia sobre los SGBD que se tenga. Dado que el número de parámetros podría ser muy elevado, sobre todo si se entra a nivel de detalle, y que el número de SGBD disponibles en el mercado es también amplio, podría ser interesante ponderar los parámetros según sea su importancia para la empresa o institución.

Ejemplo

Una empresa familiar de venta de vehículos de segunda mano desea adquirir un SGBD para gestionar sus vehículos. Siendo los parámetros críticos el presupuesto económico y el hecho de que la base de datos es relacional (esta ya ha sido diseñada por un ingeniero informático).

En este caso, el SGBD elegido por el administrador de base de datos será MySQ: se adapta muy bien a los parámetros críticos. Hay opción de adquirir el SGBD MySQL de forma gratuita, y soporta perfectamente el diseño relacional.

Actividades

1. Busque en internet otro SGBD que se adapte bien a los parámetros o requisitos críticos del ejemplo anterior.

3. Interpretación de la documentación de licencia de uso del SGBD

Cuando se ha decidido qué SGBD adquirir para una empresa o institución, o simplemente, para uso personal, se facilitará la licencia de uso. También se puede buscar la licencia de uso del producto que se desee en la web del fabricante.

En el caso de los SGBD *Oracle* y *MySQL,* ambos productos pertenecen a la compañía *Oracle*, y en ambos casos en su web corporativa se puede encontrar información al respecto.

3.1. Aspectos destacables de la licencia de MySQL

Gran parte de la comunidad relacionada con el sector de las TIC (Tecnologías de la Información y las Comunicaciones) puede pensar que *MySQL* es un *software* libre, pero la realidad es que *MySQL* se ofrece como un SGBD con licencia dual, es decir, existe una opción comercial o privada, además de la licencia pública GNU.

 Definición

Proyecto GNU
Es una comunidad que promueve el conocimiento y el desarrollo de *software* libre y de manera colaborativa para todos.

En su licencia comercial la principal ventaja es que se ofrece un servicio de soporte, servicio que la versión libre no proporciona. También es importante destacar que a la hora de distribuir *software* que use *MySQL* como SGBD, y este no sea GPL (Licencia Pública General de GNU) o libre, será necesario adquirir la licencia de *MySQL* para tal fin.

Para aclarar este último aspecto, y volviendo al ejemplo usado anteriormente sobre el negocio familiar de venta de vehículos de segunda mano, en ese caso, a la hora de desarrollar la aplicación para gestionar el parque de vehículos de la empresa no habría problema en usar *MySQL* como SGBD, ya que no se produce "distribución", sino que es para uso interno, aunque no se trate de *software* libre o GPL.

Aplicación práctica

Una importante empresa nacional desea gestionar sus sistemas TIC y dejar a la empresa que hasta ahora lo gestionaba de forma externa. Para ello, una de las tareas a realizar sería la migración de los datos a un nuevo SGBD. Esta empresa ha contratado un administrador de base de datos que será la persona que realizará un estudio de mercado para seleccionar el SGBD. El presupuesto no es importante, sí la disponibilidad del servicio. ¿Por cuál SGBD cree que se decantaría el DBA? Argumente la respuesta.

SOLUCIÓN

El perfil de la empresa se adapta perfectamente a un SGBD *Oracle*. El soporte que ofrece y la garantía hacen que este SGBD esté en la cima en cuanto a fiabilidad, recursos, etc. Un detalle clave sería el hecho de que el presupuesto no es el valor o factor más importante para la empresa.

Para poder obtener los datos para el estudio será necesario acceder a la web del fabricante para analizar las diferentes licencias, así como el coste de las mismas.

Una vez se accede al documento de *Oracle* donde se detallan todas las licencias se procederá a buscar las licencias de base de datos, teniendo disponible en el mercado cinco tipos:

- *Standard Edition one:* licencia muy similar que la *Standard Edition,* pero limitada a un máximo de dos procesadores, y por tanto más económica.
- *Standard Edition:* se adapta bien a pequeñas y medianas empresas, aunque no incluye algunas funciones descritas en la versión Enterprise Edition.
- *Enterprise Edition:* la versión más completa incluye funiones como RAC, Spatial, particionamiento, etc.
- *Personal Edition:* muy similar a la versión *Enterprise Edition,* aunque no soporta una serie de funciones, como por ejemplo, RAC.
- *Mobile Server:* licencia para plataformas móviles.
- *NoSQL Database Enterprise Edition:* la licencia incluye prácticamente lo mismo que la Enterprise Edition pero enfocado a BD NoSQL.

Una vez seleccionado el tipo de licencia que mejor se adapta en este caso, *Enterprise Edition* (en torno a 34.442,8 € por CPU) o Standard Edition (en torno a 12.458,0 € por CPU), tan solo quedaría estimar el coste de ambas licencias así como detallar las diferencias, siendo la elección de la dirección de la empresa.

Llegados a este punto, lo más recomendable sería contactar con algún proveedor de *Oracle* para facilitar todo el proceso.

3.2. Aspectos destacables de la licencia de Oracle

En *Oracle* la licencia es exclusivamente comercial, excepto la versión limitada *Express Edition*. La licencia general de uso de productos *Oracle* es común a *MySQL* en su versión comercial, ya que el SGBD *MySQL* pertenece a *Oracle* desde 2010.

En esta licencia los aspectos más destacables son qué no puede hacer el comprador y qué garantiza *Oracle*. En cuanto a la garantía:

- *Oracle* garantiza que el *software* adquirido funcionará tal como se indica en el manual de instrucciones.
- La garantía se ofrece durante un año.
- Se podrá solicitar programas en prueba.

Por otro lado, el comprador no está autorizado a:

- Eliminar cualquier logo o distintivo *Oracle* presente en el *software*.
- Realizar o permitir la ingeniería inversa.
- Hacer públicos (sin consentimiento de *Oracle)* cualquier tipo de test o prueba sobre el rendimiento de los programas *Oracle* adquiridos.

4. Identificación de las fuentes de documentación técnica. Interpretación de la documentación necesaria para la instalación

Siguiendo con la dualidad *MySQL-Oracle,* en la *World Wide Web* (WWW) o la web, conocida comúnmente, hay decenas de manuales y foros que detallan la instalación de estos dos SGBD, aunque teniendo disponible la información oficial por parte de ambas plataformas no es muy recomendable seguir cualquier otra fuente que no sea la oficial.

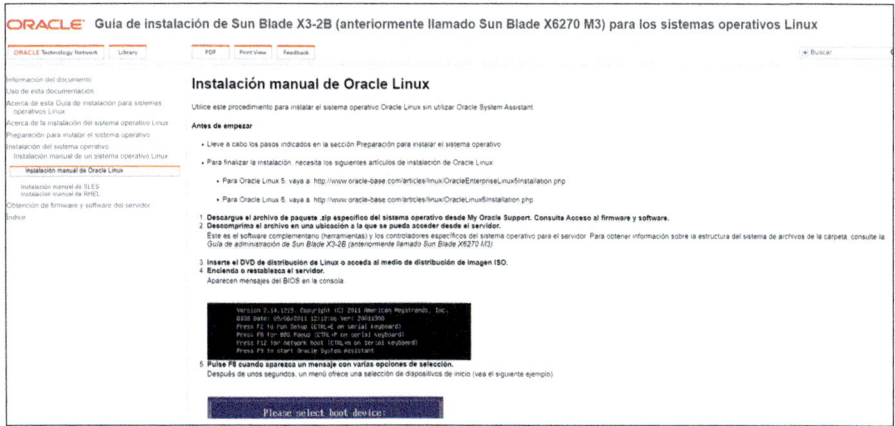

Manuales de instalación Oracle

Dependiendo de si el sistema operativo es *Linux*, de la arquitectura del procesador (32 o 64 bits), o de si será un servidor, cliente o *cluster*, se podría optar por la guía rápida adecuada o, lo más recomendable, la guía de instalación completa.

Una vez se ha seleccionado la guía de instalación que se adapte a los requisitos, simplemente habría que seguir esta guía paso a paso.

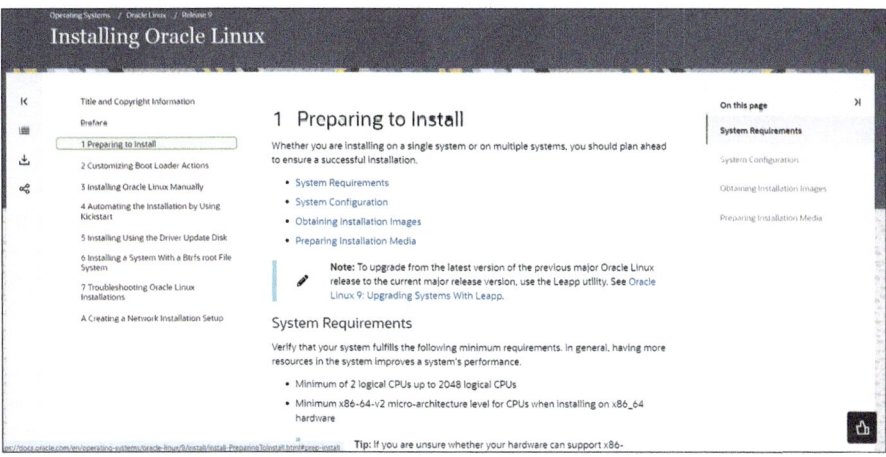

Manuales de instalación Linux

Este manual detalla la instalación de *Oracle* en el sistema operativo *Linux*. Además, se pueden ver opciones como los requisitos del sistema, distintas formas de instalarlo o problemas frecuentes en la instalación.

 Nota

Se puede acceder a la guía completa de instalación de *Oracle* 19c:
<https://www.oracle.com/mx/technical-resources/articles/database-performance/instal-oracle19c-window.html>.

También a la de *MySQL* en su versión 8.4:
<https://dev.mysql.com/doc/refman/8.4/en/installing.html>.

Así pues, para la correcta instalación de cualquiera de los dos SGBD mencionados será necesario conocer la arquitectura *hardware* donde se instalará, así como el sistema operativo que lo soportará para buscar la información específica.

 Actividades

2. Busque e interprete la licencia de uso de otro SGBD que no sea ni *Oracle* ni *MySQL*.

5. Identificación y verificación de los requisitos del computador necesarios para la instalación, así como los del sistema operativo

Comenzando con *MySQL,* en la web del enlace aparecen diferentes accesos directos dependiendo del sistema operativo que se tenga. Así, se muestran enlaces de instalación en *Windows, Linux, Solaris, Mac os X,* etc.

Si por ejemplo se accede al enlace de instalación de *Windows* existirán diferentes opciones de instalación:

- Usando el instalador para *Windows.*
- Instalando como un paquete.
- Archivo comprimido ZIP.
- Otros.

De una forma parecida, desde la web oficial de *Oracle* se pueden analizar los diferentes sistemas operativos soportados para su instalación.

Respecto a la identificación y verificación de los requisitos del computador, en el caso del SGBD de *Oracle* 19c para un sistema operativo *Linux* serían:

- 2 GB de RAM recomendados.
- Al menos 1 GB de espacio en el directorio /tmp.
- Al menos 8 GB de RAM para la infraestructura GRID.
- Entre 8 GB y 16 GB de espacio en disco swap.
- OpenSSH instalado.
- Entre 2 GB y 16 GB para el *software* de la base de datos.

En el caso de *Windows* la documentación oficial del SGBD de *Oracle* 19c recomienda:

- Procesador AMD64 o Intel EM64T.
- 2 Gb de RAM.
- Conexión a internet.
- Adaptador de vídeo de 256 colores con resolución 1024x768.
- 10,5 Gb de espacio en disco disponible (6 Gb *software* + 4,5 Gb DB).

Estos datos varían ligeramente si se trata de sistemas operativos *Microsoft Windows* de 64 bits.

El SGBD de *MySQL* es más simple en su instalación, de manera que, por ejemplo, para un sistema operativo *Windows* tan solo se recomienda un espacio en disco superior a los 200 MB.

En las plataformas *Windows* de 32 bits, no es posible por defecto usar más de 2GB de RAM en un solo proceso, incluyendo *MySQL*. Esto se debe a que el límite de dirección física en *Windows* de 32 bits es de 4GB y la configuración predeterminada dentro de *Windows* es dividir el espacio de direcciones virtuales entre el núcleo (2GB) y los usuarios/aplicaciones (2GB).

Algunas versiones de *Windows* tienen una configuración de arranque que permite habilitar aplicaciones más grandes reduciendo el espacio del núcleo. Alternativamente, para usar más de 2GB, utiliza una versión de *Windows* de 64 bits.

Actividades

3. Si los requisitos de un equipo, en concreto la memoria, no cumpliesen lo establecido en la documentación oficial del SGBD, ¿funcionaría el SGBD?

6. Descripción de los parámetros de configuración necesarios para la puesta en marcha del SGBD tanto a nivel del propio SGBD como del entorno en el que se instala

La instalación del SGBD *Oracle* tiene una complejidad mayor que el SGBD *MySQL,* además, dado que *MySQL* no requiere para su instalación de ninguna configuración previa (salvo la liberación de puerto, si fuese el caso), este punto se centrará en la configuración de *Oracle.*

En el caso de sistemas operativos *Microsoft Windows* no hay mucho que configurar: en la documentación oficial simplemente se realizan algunas recomendaciones sobre las versiones mínimas de *software* de terceros como *Java* o *Firefox* que debe tener el sistema, así como la versión del compilador C++. También se describen algunos errores conocidos.

La realidad es que en condiciones normales, y con un sistema operativo actualizado, no habría que configurar nada.

Siguiendo con el ejemplo propuesto, si la instalación se hiciese en un sistema operativo *Linux* la complejidad sería mucho mayor siendo necesario:

- Crear dos grupos llamados *oinstall y dba* (si la instalación no fuese STANDALONE sería necesario crear dos grupos más, *asmadmin y oper).*
- Un usuario propietario de la instalación (suele nombrase *Oracle).*
- Es recomendable instalar la infraestructura GRID.

Definición

STANDALONE
Este término se emplea en los SGBD Oracle que serán independientes y únicos, es decir, no será una base de datos distribuida.

No obstante, la instalación del SGBD de *Oracle 11gr2* (la "g" de GRID, y la "r2" de la versión 2) se llevará a cabo sobre un sistema *Red Hat Enterprise 5.4,* y aunque se han visto requisitos generales para sistemas operativos *Linux,* en la documentación de *Oracle* se recomienda las siguientes pautas para este sistema operativo:

- Una vez descargado y descomprimido el SGBD *Oracle* y el GRID, ubicarlo en el directorio raíz, y crear el directorio donde *Oracle* será instalado con los permisos 775. Para ello ejecutar desde el terminal:

- $ mkdir –p /u01/app/Oracle/product/11.2.0/db_1
- $ chown –R Oracle:oinstall /u01
- $ chmod –R 775 /u01

- Actualizar el sistema para la instalación ejecutando desde el terminal: **$ yum install Oracle-validated.**
- Modificar o añadir al archivo /etc/sysctl.conf:

  - fs.suid_dumpable = 1
  - fs.aio-max-nr = 1048576
  - kernel.shmall = 2097152
  - kernel.shmmax = 536870912
  - kernel.shmmni = 4096
  - kernel.sem = 250 32000 100 128
  - net.ipv4.ip_local_port_range = 9000 65500
  - net.core.rmem_default = 4194304
  - net.core.rmem_max = 4194304
  - net.core.wmem_default = 262144
  - net.core.wmem_max = 1048586

- Ejecutar desde el terminal: **$ /sbin/sysctl –p.** Con ello se modificarán los parámetros introducidos en el punto anterior.
- Hay que instalar la siguiente paquetería (en el caso de que no estuviese):

  - rpm -Uvh binutils-2.*
  - rpm -Uvh compat-libstdc++-33*
  - rpm -Uvh compat-libstdc++-33*.i386.rpm
  - rpm -Uvh elfutils-libelf*
  - rpm -Uvh gcc-4.*
  - rpm -Uvh gcc-c++-4.*
  - rpm -Uvh glibc-2.*
  - rpm -Uvh glibc-common-2.*
  - rpm -Uvh glibc-devel-2.*
  - rpm -Uvh glibc-headers-2.*
  - rpm -Uvh ksh*
  - rpm -Uvh libaio-0.*
  - rpm -Uvh libaio-devel-0.*

- rpm -Uvh libgomp-4.*
- rpm -Uvh libgcc-4.*
- rpm -Uvh libstdc++-4.*
- rpm -Uvh libstdc++-devel-4.*
- rpm -Uvh make-3.*
- rpm -Uvh unixODBC-2.*
- rpm -Uvh sysstat-7.*
- rpm -Uvh unixODBC-devel-2.*
- rpm -Uvh numactl-devel-*

- Crear los grupos mencionados anteriormente con la ejecución del siguiente comando desde el terminal: **$ useradd –g oinstall –G dba Oracle.**
- La configuración de SELINUX debe ser **permissive.** Esta configuración se puede realizar desde el archivo **/etc/selinux/conifg.**
- Por último, modificar como usuario *Oracle* el archivo oculto **.bash_profile** para que contenga la siguiente información:

- TMP=/tmp; export TMP
- TMPDIR=$TMP; export TMPDIR
- ORACLE_HOSTNAME=ol5-112.localdomain;export ORACLE _HOSTNAME
- ORACLE_UNQNAME=DB11G;export ORACLE_UNQNAME
- ORACLE _BASE=/u01/app/Oracle; export ORACLE_BASE
- ORACLE_HOME=$ORACLE_BASE/product/11.2.0/db_1; export ORACLE_HOME
- ORACLE_SID=DB11G; export ORACLE_SID
- PATH=/usr/sbin:$PATH; export PATH
- PATH=$ORACLE_HOME/bin:$PATH; export PATH
- LD_LIBRARY_PATH=$ORACLE_HOME/lib:/lib:/usr/lib; export LD_LIBRARY_PATH
- CLASSPATH=$ORACLE_HOME/jlib:$ORACLE_HOME/rdbms/jlib; export CLASSPATH

Actividades

4. La versión *MySQL-Cluster 5.0,* ¿está soportada para sistemas operativos *Microsoft Windows?*

Antes de continuar hay que aclarar el concepto de la infraestructura GRID. La infraestructura GRID *computing* es capaz de balancear todo tipo de cargas de trabajo de un conjunto de equipos. Básicamente se comporta como los grandes *mainframes* pero de manera mucho más económica, ya que el GRID o red puede formarse con equipos al alcance de cualquier usuario, como serían procesadores *Intel* o sistemas operativos *Linux.*

La tecnología GRID de *Oracle* incluye:

- ASM: *Automatic Storage Management* gestiona de forma automática el almacenamiento. Este sistema permite gestionar la distribución de los datos, ya sea un solo disco o varios, también es capaz de gestionar las copias de seguridad de forma autónoma.
- *Real Application Cluster:* capaz de ejecutar la carga de trabajo sobre un *cluster.*
- *Enterprise Manager GRID Control:* es un sistema para controlar todo el funcionamiento de la red de equipo.

7. Selección de componentes lógicos adicionales que pueden ser de utilidad dependiendo del supuesto de instalación

En el caso de *MySQL*, como se sabe, es muy útil incluir *Workbench* a la hora de instalar el SGBD. Esta herramienta gráfica soporta *MySQL Server* desde la versión 5.0. Hay dos versiones, una gratuita y la otra comercial. Las principales áreas funcionales que ofrece la versión 8 de este *software* serían:

- **SQL Development:** permite crear y administrar las conexiones a los servidores de bases de datos, además de facilitar la configuración de parámetros de conexión, la ejecución de consultas, etc.
- **Data Modeling:** permite crear modelos o esquemas gráficos de la base de datos. Se podría crear un modelo gráfico a partir de una base de datos ya existente o viceversa. Además, facilita la modificación de objetos de la base de datos (columnas, índices, *triggers*, privilegios, etc.).
- **Data Migration:** facilita la migración a *MySQL* de otros SGBD, en concreto desde *Microsoft SQL Server, Sybase ASE, SQLite, SQL Anywhere, PostreSQL*. También se podría migrar desde versiones anteriores de *MySQL*.
- **MySQL Enterprise Support:** soporte para productos empresariales como *MySQL Enterprise Backup* y *MySQL Audit MySQL Auditoría*.

Otras herramientas comerciales de utilidad serían **MySQL Enterprise,** las versiones **Monitor y Backup,** y **MySQL Cluster.** Ambas herramientas se podría decir que tienen cierta semejanza con la infraestructura GRID del SGBD *Oracle,* de hecho, todas pertenecen a dicha empresa.

A continuación, tal como se ha dicho, y dado que *Oracle* recomienda su instalación, se detallará cómo realizar la **instalación de la infraestructura GRID.**

7.1. Instalación de la infraestructura GRID

En la instalación con entorno gráfico existe gran similitud entre sistemas operativos *Windows* y *Linux,* únicamente cambian algunos detalles como las rutas de los archivos, o que se requieren permisos de administrador en el caso de *Windows,* o *root* en el caso de *Linux.*

Siguiendo con el ejemplo del punto anterior se realizará la instalación sobre un sistema operativo *Linux.*

En primer lugar habría que descargar y descomprimir el *software,* en segundo lugar sería necesario realizar una serie de comprobaciones previas, es preciso conocer los discos de los que dispone el sistema operativo, y una vez conocidos, etiquetar los que se consideren necesarios dependiendo del volumen de datos que manejaría la base de datos, usando la librería ASMLIB, que debe encontrarse en el directorio:**$ cd /etc/init.d.** Para etiquetar los discos se usa el comando: **$ ./Oracleasm createdisk ASMDISK1 /rutaDelDisco.** Finalmente se podrán comprobar los discos etiquetados con el comando: **$ ./Oracleasm listdisks.**

Ahora hay que realizar la instalación del GRID: para ello sería necesario ejecutar el comando: **$ ./runInstaller** desde la ubicación **$ cd /NombreDirectorio-Descargado/11.2.0/grid** y se selecciona una serie de opciones de instalación.

De la primera ventana que aparece se debe seleccionar la segunda opción: **Install and Configure Grid infrastructure for a Standalone Server,** con lo que se realizará la instalación de la infraestructura GRID para un servidor no distribuido. Esto sería la instalación estándar.

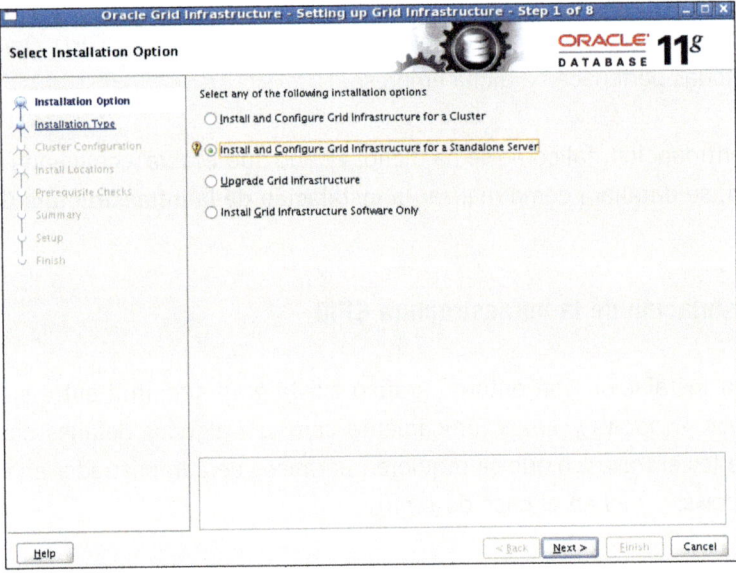

Instalación GRID paso 1

En el siguiente paso se seleccionan los idiomas: inglés y español serán suficientes.

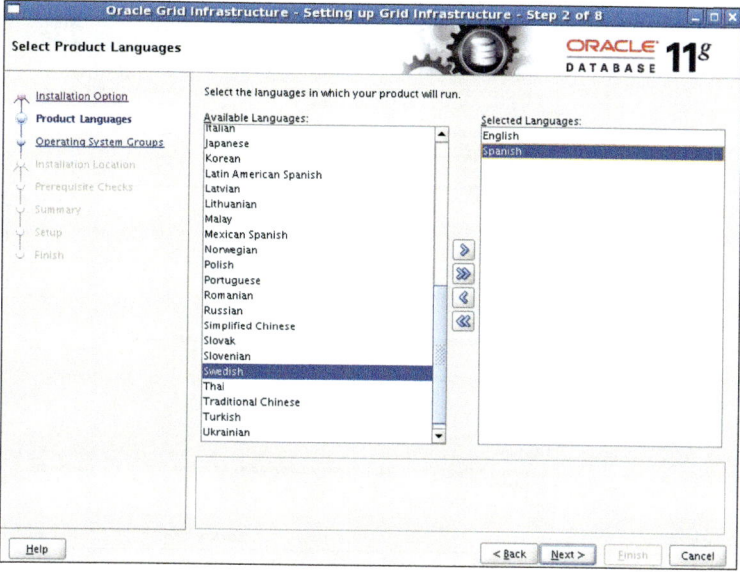

Instalación GRID paso 2

A continuación hay que crear los grupos de discos ASM, uno para datos y el otro para las recuperaciones. En la creación del grupo de datos el nombre puede ser DATA con redundancia normal (hace una copia de cada disco ASM). También se deben asignar los discos al grupo (dependiendo de los discos que se etiquetaran anteriormente). Se pueden asignar la mitad de los discos disponibles.

A la hora de configurar la contraseña es una buena opción usar la misma contraseña para SYS y ASM, ya que facilitaría la labor del administrador de la base de datos teniendo una única contraseña segura en lugar de dos. Aunque esta decisión será del administrador y la política de seguridad de contraseñas que esté implantada.

Instalación GRID paso 3

En el siguiente paso hay que elegir el grupo de usuario que se utilizará para el acceso a ASM. Dado que no es un *cluster* se usará el mismo grupo, en este caso **dba.**

Instalación GRID paso 4

A continuación es necesario indicar la ubicación de ORACLE_BASE y de ORA-CLE_HOME de la infraestructura GRID. Se puede dejar la ubicación por defecto.

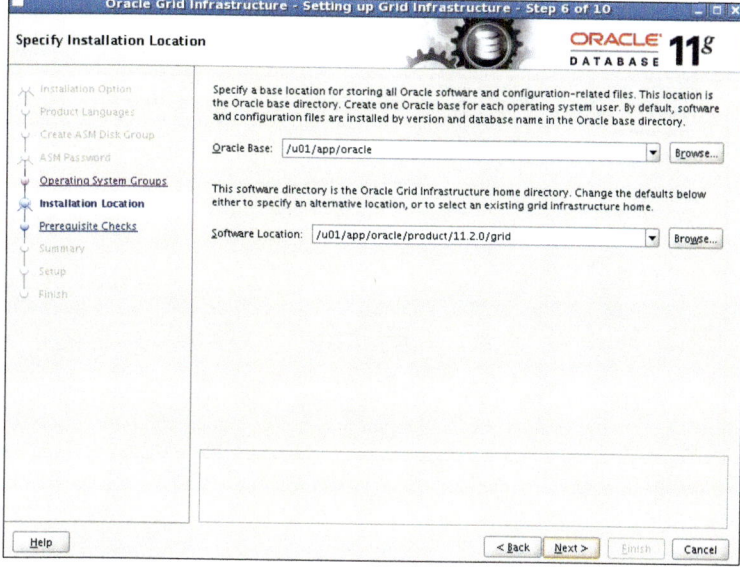

Instalación GRID paso 5

En la siguiente ventana se especifica el directorio para los ficheros de instalación **Create inventory.**

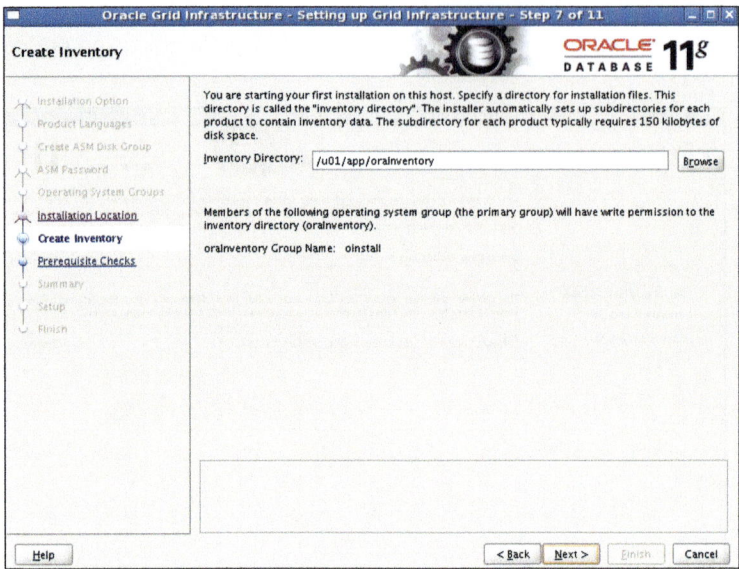

Instalación GRID paso 6

Posteriormente se realiza un análisis de los requisitos necesarios en el sistema, y en el caso de que hubiese algún problema se notificaría. Y por último aparece un sumario con un resumen de todo lo que se va a instalar. Es recomendable guardar esta información en un archivo, ya que en futuras instalaciones se podría cargar dicho fichero, evitando todo el proceso de nuevo.

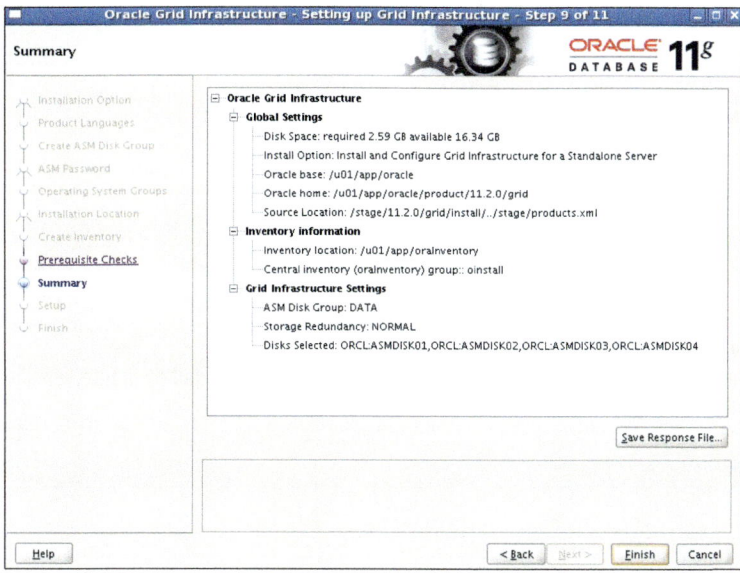

Instalación GRID paso 7

Durante la instalación hay que ejecutar una serie de *scripts* de configuración como usuario *root* o administrador del sistema operativo. En el propio aviso se indica cómo hacerlo (en el segundo *script* se realiza una pregunta, pero simplemente será necesario dejar la opción por defecto pulsando **Enter** varias veces).

Instalación GRID paso 8

El primer *script* controla los permisos del directorio **Inventory,** y el segundo realiza varias tareas, como crear el demonio para que se ejecute al arrancar el sistema operativo. También *Oracle Restart,* entre otras configuraciones.

Definición

Demonio
Es un programa informático o servicio que se ejecuta sin necesidad de la intervención del usuario.

Una vez finalizado el proceso de instalación faltaría por configurar el grupo de discos ASM para los *backups* o copias de seguridad. Durante la instalación se configuró el grupo de discos para datos, y se nombró como DATA. Ahora hay que crear el *Fast Recovery Area,* conocido con el acrónimo FRA. En primer lugar hay que establecer el entorno para trabajar con ASM ejecutando desde el terminal la instrucción: **$. oraenv,** y cuando solicite la variable ORACLE_SID se introduce +ASM y se pulsa **Enter.**

```
ORACLE_SID = [oracle] ? +ASM
The Oracle base for ORACLE_HOME=/u01/app/oracle/product/11.2.0/grid is /u01/app/
oracle
[oracle@curso grid]$ asmca
```

Discos ASM FRA 1

Una vez hecho esto ya se puede ejecutar el comando **$ asmca.** Se abrirá la aplicación gráfica que servirá de guía para la creación del grupo de discos ASM. En la primera ventana se muestra el grupo o grupos existentes, se pulsará sobre el botón **Create.**

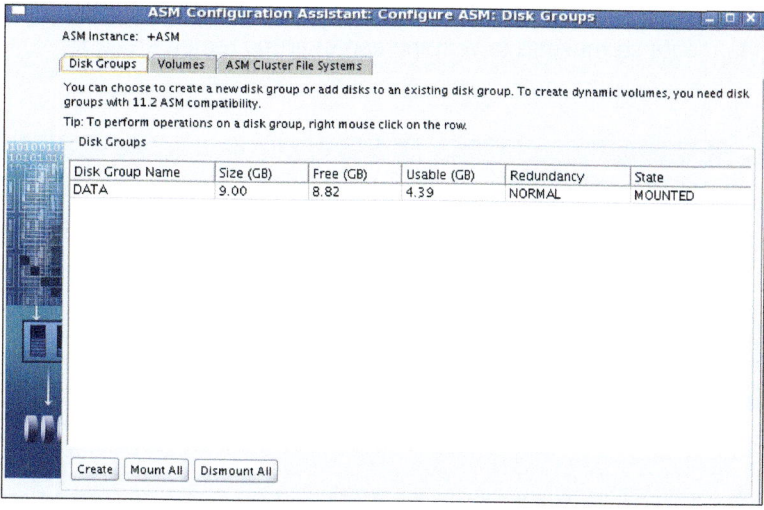

Discos ASM FRA 2

Ahora se nombrará el grupo usando FRA como nombre, y se elegirá la redundancia **External** (es decir, no tiene redundancia ya que será controlada por tecnología externa como por ejemplo RAID). En cuanto a los discos se seleccionarán dependiendo de los que se etiquetase anteriormente, al igual que sucedía con la creación del grupo de discos ASM para datos.

Discos ASM FRA 3

Finalmente se muestra la ventana con el grupo recién creado.

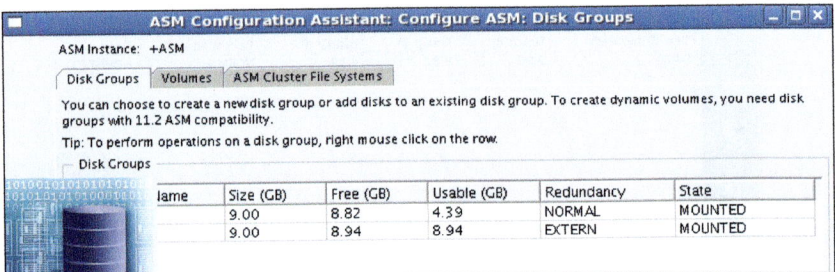

Discos ASM FRA 4

Como último paso se podrían realizar algunas verificaciones desde el entorno ASM. Se accede a la aplicación *sqlplus* con el siguiente comando: **$ sqlplus / as sysasm.** Se realiza una consulta a la vista **v$asm_diskgroup.**

```
SQL> SELECT name, total_mb, state FROM v$asm_diskgroup;

NAME                                   TOTAL_MB STATE
------------------------------------- ---------- -----------
DATA                                       9216 MOUNTED
FRA                                        9216 MOUNTED

SQL>
```

Discos ASM FRA 5

Se sale de *sqlplus* ejecutando el comando **exit,** y se ejecuta el comando **$ lsnrctl status,** con el cual se comprobará el estado de los *listeners* asociados a la instancia ASM.

Actividades

5. Indique si se puede instalar el SGBD *Oracle 11* sin el GRID.

```
Connecting to (DESCRIPTION=(ADDRESS=(PROTOCOL=IPC)(KEY=EXTPROC1521)))
STATUS of the LISTENER
------------------------
Alias                    LISTENER
Version                  TNSLSNR for Linux: Version 11.2.0.1.0 - Production
Start Date               11-NOV-2013 12:19:34
Uptime                   0 days 1 hr. 13 min. 32 sec
Trace Level              off
Security                 ON: Local OS Authentication
SNMP                     OFF
Listener Parameter File  /u01/app/oracle/product/11.2.0/grid/network/admin/listener.ora
Listener Log File        /u01/app/oracle/diag/tnslsnr/curso/listener/alert/log.xml
Listening Endpoints Summary...
  (DESCRIPTION=(ADDRESS=(PROTOCOL=ipc)(KEY=EXTPROC1521)))
  (DESCRIPTION=(ADDRESS=(PROTOCOL=tcp)(HOST=curso.oracle.com)(PORT=1521)))
Services Summary...
Service "+ASM" has 1 instance(s).
  Instance "+ASM", status READY, has 1 handler(s) for this service...
The command completed_successfully
```

Listener ASM

8. Determinación de la ubicación y distribución idónea del *software,* los datos e índices dentro del computador

Para determinar la ubicación en sistemas operativos *Windows* y *Linux,* lo más recomendable es realizarla sobre la raíz del sistema operativo, aunque en el caso de *Windows* no hay gran diferencia en ejecutar la instalación en la raíz o, por ejemplo, en el directorio para instalación de programas o **program files.**

También, en ambos sistemas operativos es recomendable almacenar los datos en una partición diferente a la del sistema operativo.

Otros detalles a considerar es que en el caso de sistemas operativos *Linux* (desarrollados durante el apartado 6 de presente capítulo), la documentación de *Oracle* recomienda en el caso de la distribución RHE5.4 las siguientes acciones:

- Crear dos grupos, llamados *oinstall y dba* (si la instalación no fuese STANDALONE sería necesario crear dos grupos más, *asmadmin* y *oper).*
- Crear un usuario propietario de la instalación, suele nombrase *Oracle.*
- Sería recomendable instalar la infraestructura GRID.
- Descargar y descomprimir el archivo de instalación *Oracle* y asignarle a la carpeta los permisos 775.

- Actualizar el sistema operativo.
- Modificar o añadir al archivo **/etc/sysctl.conf** con las pautas descritas en el punto 6.
- Ejecutar desde el terminal: **$ /sbin/sysctl –p.** Con ello se modificarán los parámetros introducidos en el punto anterior. En caso contrario, todo lo que se modifique en el archivo anterior no quedará almacenado.
- Instalar una serie de paquetería, también detallada en el punto 6.
- Configurar SELINUX en modo ***permissive.***
- Por último, modificar como usuario *Oracle* el archivo oculto **.bash_profile** con los parámetros descritos en el punto 6.

Actividades

6. Busque la documentación técnica para instalar *MySQL 5.6* en *MAC OS* X.

Aplicación práctica

Si tiene ocho discos o particiones en su sistema operativo *Linux*, y debe crear un grupo de dos discos ASM, ¿qué pasos habría que seguir?

SOLUCIÓN

El primer paso sería comprobar si los discos están etiquetados, para ello hay que ir a la ruta: $ cd /etc/init.d. y una vez allí ejecutar: $ ./Oracleasm listdisks.

En caso contrario habrá que etiquetarlos. Para poder etiquetarlos es necesario dirigirse a la ubicación:$ cd /etc/init.d. y ejecutar: $ ./Oracleasm createdisk ASMDISK1 /rutaDelDisco_1. $ ./Oracleasm createdisk ASMDISK2 /rutaDelDisco_2.

Una vez se tienen los discos etiquetados ya se podrían asignar esos dos discos al grupo, mencionado anteriormente, durante la instalación del GRID.

9. Cuando el SGBD soporta varios sistemas operativos y arquitecturas de computadores: identificar las ventajas e inconvenientes de seleccionar uno u otro

En este caso, tanto *MySQL* como *Oracle* soportan una amplia gama de sistemas operativos y diferentes arquitecturas de computadores. Como ya se ha comentado, la elección vendrá más bien determinada por los recursos disponibles, salvo el caso donde se adquiere a la vez el SGBD y la infraestructura que lo soportará (algo poco habitual). De esta forma, tanto la arquitectura como el sistema operativo ya estarán en producción, con lo que el DBA tan solo deberá seleccionar el SGBD que mejor se adecúe a las necesidades de la empresa o institución.

Por otro lado, cuando se crea toda la infraestructura junto con el SGBD, sí que se deben analizar las ventajas e inconvenientes de las diferentes arquitecturas y sistemas operativos con varios SGBD. Normalmente la elección del sistema operativo estará entre *Windows* y *Linux.* Diferentes fuentes lo sitúan siempre entre el 95 y 98 % de la cuota en servidores, y en torno al 95 % en equipos personales, siendo los porcentajes más igualados entre ellos en servidores. Por el contrario, en los equipos personales es *Windows* el de mayor cuota de mercado, estando entorno al 90 %, y el 5 %, en *Linux.*

Las ventajas e inconvenientes de realizar la instalación del SGBD en *Linux* o *Windows* son las inherentes a ambos sistemas operativos, es decir, en general *Linux* ofrece una mayor parametrización, y por tanto, exige un mayor conocimiento de la arquitectura interna que en el caso de sistemas operativos *Windows.* Por otro lado está el soporte, donde solo algunas distribuciones *Linux* lo ofrecen, frente al sistema operativo de *Microsoft* que sí que tiene soporte. Y por último el precio de las licencias, siendo *Linux* en la mayoría de los casos libre, frente al coste que conlleva las licencias de *Microsoft Windows.*

En cuanto a la arquitectura esta dependerá en gran medida del escenario sobre el que instalar el SGBD. Si es necesario un SGBD distribuido, o un *cluster,* dependerá exclusivamente de los requisitos de la empresa o institución.

Por ejemplo, si la institución o empresa necesita una alta disponibilidad en su gestor de base de datos será necesario hacer uso de la versión *cluster* del

SGBD. En el caso de *Oracle* y *MySQL* ambos disponen de su versión *cluster*. Lógicamente, el presupuesto disponible será la clave, ya que los costes implicados en una arquitectura de este tipo son elevados.

 Aplicación práctica

¿Qué consulta se debe realizar para corroborar el estado de los discos ASM? ¿Desde dónde?

SOLUCIÓN

Se debe acceder al sqlplus de ASM. Para ello hay que ejecutar desde la terminal el comando: $ sqlplus / as sysasm.

Una vez dentro se ejecuta: SELECT state from v$asm_diskgroup.

10. Identificación de los posibles juegos de caracteres y elementos de internacionalización más comunes así como los posibles problemas relacionados con estos

En los sistemas informáticos los caracteres se representan con un código numérico. Los SGBD de *Oracle* y *MySQL* soportan los mismos juegos de caracteres, y muchos de ellos serán comunes en prácticamente la totalidad de SGBD, ya que se trata de codificaciones internacionales.

Por otro lado, los juegos de caracteres determinan qué caracteres se pueden usar en los nombres, y por ejemplo, influyen en las cláusulas GROUP BY u ORDER BY.

10.1. Tipos de juego de caracteres

Los tipos de juegos de caracteres soportados por *MySQL* y *Oracle* son:

- **Single-byte.** Es un conjunto de caracteres que ocupan un solo byte y produce un mejor rendimiento que los *multibyte.* Algunos ejemplos de esta codificación son: ASCII o ISO-8859-1 (valor por defecto del juego de caracteres de *MySQL).*
- **Multibyte.** Usan más de un byte por cada carácter. Un ejemplo de ello son los caracteres asiáticos.
- **Unicode.** Es una codificación universal y ampliamente aceptada por *Java, XML, LDAP* o sistemas operativos como *Windows XP.* A cada carácter se le asigna una codificación.

Ejemplo

Single-byte: un buen ejemplo de este tipo de juego de caracteres podría ser el código ASCII, *acrónimo de American Standard Code for Information Interchang.* Este código usa siete bits para representar los caracteres, el bit restante se usa para control de errores. Por tanto, con siete bits se podrían representar 128 caracteres (del 0 al 127), de los cuales los imprimibles van del 33 al 126. En la siguiente imagen se muestran esos caracteres imprimibles.

```
!  "  #  $  %  &  '  (  )  *  +  ,  -  .  /  0  1  2  3  4  5  6  7  8  9  :  ;  <  =  >  ?
@  A  B  C  D  E  F  G  H  I  J  K  L  M  N  O  P  Q  R  S  T  U  V  W  X  Y  Z  [  \  ]  ^  _
`  a  b  c  d  e  f  g  h  i  j  k  l  m  n  o  p  q  r  s  t  u  v  w  x  y  z  {  |  }  ~
```

ASCII

Un ejemplo de caracteres no imprimibles podría ser el código 32, que corresponde el carácter 'espacio'.

Multibyte: UTF-8, acrónimo de *Unicode Tranformation Format,* es un juego de caracteres de entre 1 y 4 bytes, aunque únicamente 21 bits pueden contener datos y no 32 bits, ya que el resto son para metadatos. El objetivo cuando se creó era el transformar el juego de caracteres de más de 1 byte en una secuencia de caracteres simples (1 byte).

Continúa en página siguiente >>

<< Viene de página anterior

Unicode: es un estándar de codificación universal. La versión 5.1 contenía más de 100.000 caracteres. Contiene caracteres gráficos, de formato, privados, reservados o de control. Codifica los principales alfabetos del mundo. A continuación se muestra la tabla de codificación *Unicode* de latino básico.

	ASCII							
	000	001	002	003	004	005	006	007
0	NUL 0000	DLE 0010	SP 0020	0 0030	@ 0040	P 0050	` 0060	p 0070
1	SHO 0001	DC1 0011	! 0021	1 0031	A 0041	Q 0051	a 0061	q 0071
2	STX 0002	DC2 0012	" 0022	2 0032	B 0042	R 0052	b 0062	r 0072
3	ETX 0003	DC3 0013	# 0023	3 0033	C 0043	S 0053	c 0063	s 0073
4	EOT 0004	DC4 0014	$ 0024	4 0034	D 0044	T 0054	d 0064	t 0074
5	ENQ 0005	NAK 0015	% 0025	5 0035	E 0045	U 0055	e 0065	u 0075
6	ACK 0006	SYN 0016	& 0026	6 0036	F 0046	V 0056	f 0066	v 0076
7	BEL 0007	ETB 0017	' 0027	7 0037	G 0047	W 0057	g 0067	w 0077
8	BS 0008	CAN 0018	(0028	8 0038	H 0048	X 0058	h 0068	x 0078
9	HT 0009	EM 0019	) 0029	9 0039	I 0049	Y 0059	i 0069	y 0079

Continúa en página siguiente >>

<< Viene de página anterior

ASCII								
A	LF	SUB	*	:	J	Z	j	z
	000A	001A	002A	003A	004A	005A	006A	007A
B	VT	ESC	+	;	K	[	K	{
	000B	001B	002B	003B	004B	005B	006B	007B
C	FF	FS	,	<	L	\	l	|
	000C	001C	002C	003C	004C	005C	006C	007C
D	CR	GS	-	=	M	]	m	}
	000D	001D	002D	003D	004D	005D	006D	007D
E	SO	RS	.	>	N	^	n	~
	000E	001E	002E	003E	004E	005E	006E	007E
F	SI	US	/	?	O	_	o	DEL
	000F	001F	002F	003F	004F	005F	006F	007F

Por ejemplo, la codificación del nombre Mary sería:

▮ M → 004D
▮ a → 0061
▮ r → 0072
▮ y → 0079

10.2. Juego de caracteres en MySQL

Como se adelantó en el apartado anterior, *MySQL* utiliza por defecto el juego de caracteres ISO-8859-1, o lo que es lo mismo *Latin 1*. Estos valores por defecto son aplicables a los EE. UU. y a la mayoría de Europa Occidental.

Para modificar el juego de caracteres se usa la opción **–default-character-set** al iniciar el servidor. Si se modifica podría verse afectada la ordenación e índices de las diferentes tablas, con lo que sería necesario ejecutar **mylamchk –r –q –set-character-set=charset.**

Por otro lado, cuando un cliente se conecta al servidor *MySQL,* el servidor indica al cliente el juego de caracteres, adaptándose el cliente para usar ese juego.

Ejemplo

Por ejemplo, si con *phpMyAdmin* (una herramienta para administrar bases de datos MySQL desde un navegador web) se procede a crear una tabla en *MySQL,* una de las propiedades obligatoria sería el juego de caracteres. Se muestra qué aspecto tendría:

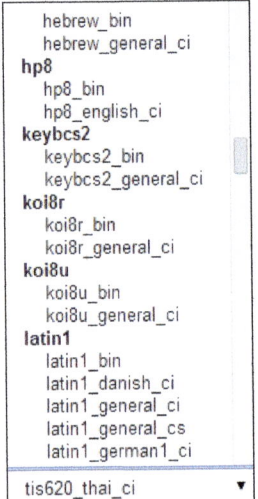

MySQL (juego de caracteres)

10.3. Juego de caracteres en Oracle

En *Oracle* es el parámetro NLS_LANG el que define el conjunto de caracteres utilizado por el cliente para codificar los datos. Si servidor y cliente usan diferentes tipos de codificación estos son convertidos automáticamente.

Una mala configuración del parámetro NLS_LANG conlleva que el cliente almacene los datos de forma incorrecta en la base de datos.

NLS_LANG

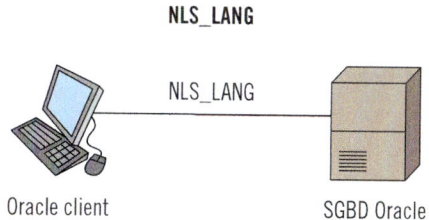

NLS_LANG

Oracle client   SGBD Oracle

Un problema común se produce cuando el cliente tiene el parámetro NLS_LANG con un juego de caracteres que coincide con el juego de caracteres del servidor, pero a su vez el cliente tiene un sistema operativo *Windows* con un juego de caracteres diferente al mencionado anteriormente. En este caso no se detectaría el error, ya que el parámetro NLS_LANG y el juego de caracteres del servidor coinciden, pero la realidad es que los datos llegarían al servidor con el juego de caracteres del cliente *Windows,* y *Oracle* no los convertiría, almacenándose los datos erróneamente.

 Actividades

7. Señale qué consecuencias tendría instalar el SGBD *Oracle 11* en la ruta /home/mi_base_de_datos, en lugar de la raíz.
8. Si el servidor *MySQL* ejecuta un juego de caracteres diferente al del cliente que se conecta, ¿qué opción se usaría para indicar la ruta en la cual estaría dicho juego de caracteres?
9. Explique para qué sirve la función MySQL_real_escape_string().

11. Realización de un supuesto práctico de instalación de un SGBD (y documentación del proceso) en el que se pongan de manifiesto las relaciones entre la arquitectura física del computador y las partes lógicas del SGBD

En este punto se detallará el proceso de instalación del SGBD de *Oracle* sobre un sistema operativo *Linux*, en concreto, la versión 11g2 de *Oracle* en un servidor *Linux Red Hat Enterprise 5.4* y del SGBD de *MySQL* sobre *Microsoft Windows 8.*

11.1. Instalación MySQL

El primer paso sería descargar el SGBD: en la web oficial hay varias posibilidades de descarga, incluida la instalación *MySQL Cluster* o *MySQL Enterprise Edition*. Ambos productos son comerciales, y la descarga se produciría desde la web oficial de *Oracle*.

En este caso se seleccionará la descarga e instalación de *MySQL Workbench* (desde: http://dev.*MySQL*.com/downloads/tools/workbench/).

Una vez descargada la versión de *Windows* de *MySQL Workbench 8.0* y la arquitectura adecuada de 32 o 64 bits para el sistema operativo, se procedería a ejecutar el archivo, y abriría esta primera ventana:

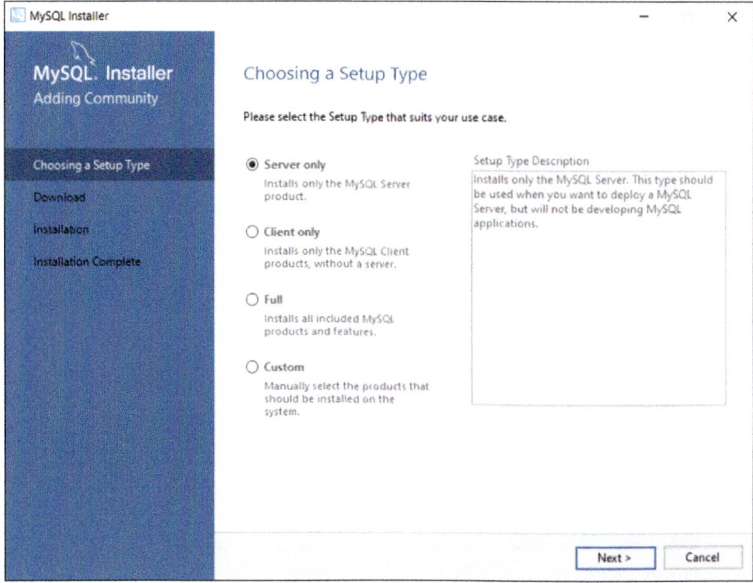

Instalación MySQL paso 1

Se selecciona la opción de **Custom** para instalar el *software* que se desee y se pulsa en **Next.**

 Actividades

10. Indique qué instrucción se usa desde el terminal de Linux para poder definir la variable ORACLE_SID.
11. Señale si hay alguna forma de poder auditar las bases de datos *MySQL.*

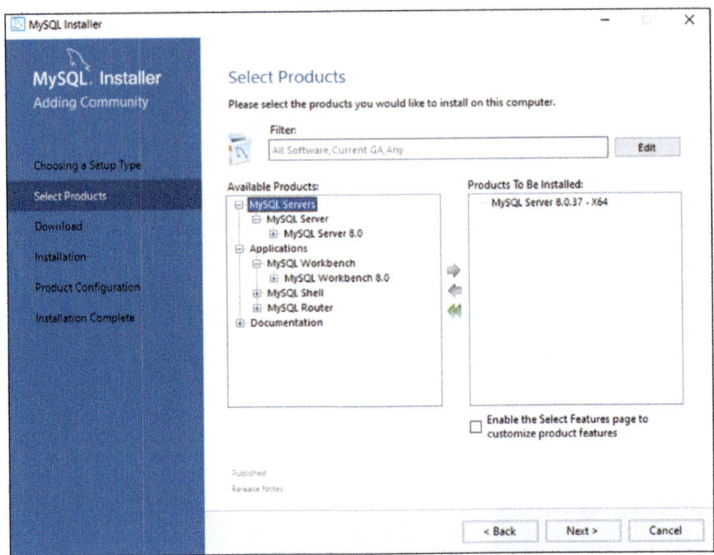

Instalación MySQL paso 2

Esta pantalla muestra los productos disponibles para instalar. Se selecciona la opción de *MySQL Server 8.0* y se pulsa **Next.**

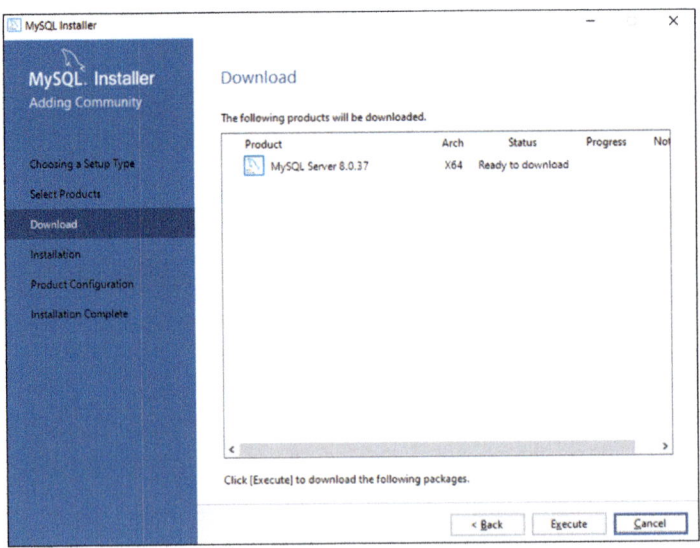

Instalación MySQL paso 3

En la siguiente pantalla resume los productos que serán descargados. Se pulsa en **Execute** y procede a realizarse la descarga. Una vez finalizada, se pulsa **Next.**

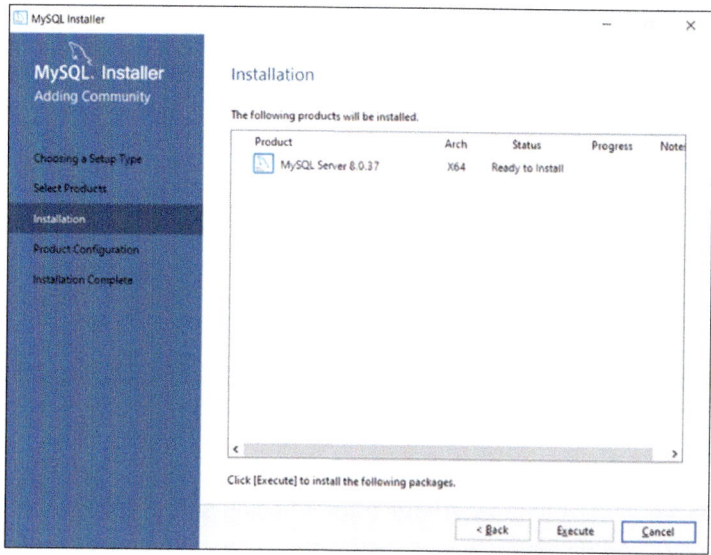

Instalación MySQL paso 4

En esta pantalla se resumen los productos que se van a instalar. Se pulsa **Execute** para iniciar la instalación. Una vez que haya terminado se pulsa **Next.**

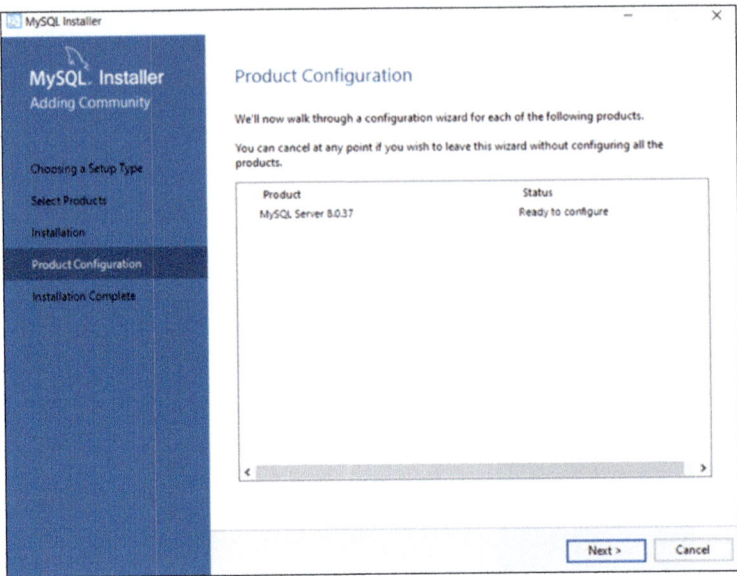

Instalación MySQL paso 5

En la siguiente pantalla se ofrece información sobre la opción de cancelar la configuración de los productos instalados. Si no se quiere cancelar la configuración se pulsa **Next.**

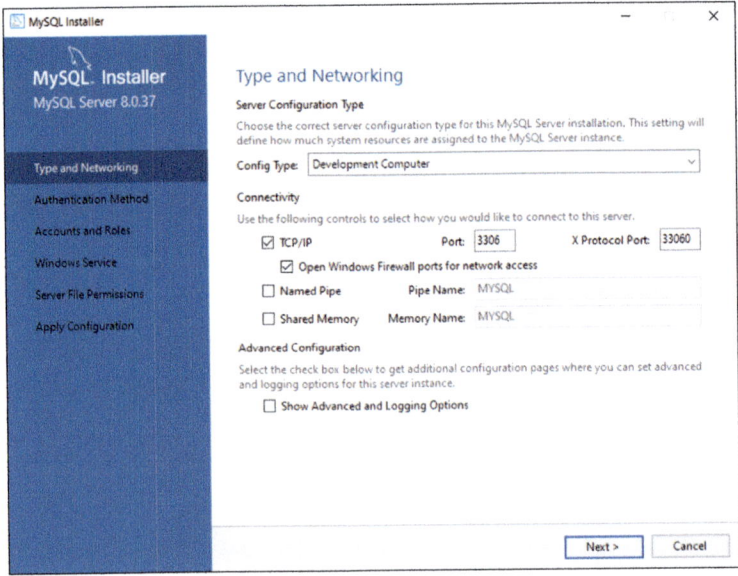

Instalación MySQL paso 6

En la siguiente pantalla se puede comenzar a configurar el servidor. La ventana se estructura en tres pates. En la primera parte permite elegir el tipo de configuración del servidor:

- Un equipo doméstico *(Development Computer)*, donde el sistema operativo reservará una parte de los recursos al servicio de MySQL.
- Un equipo servidor *(Server Computer)*, más potente, y que dedicará más recursos a MySQL junto a otros servicios.
- Un equipo dedicado *(Dedicated Computer)*, es decir, todos los recursos serán empleados en el servicio de MySQL.

En este caso se elige la opción de **Development Computer.**

En la segunda parte de la ventana se puede configurar opciones como el puerto y el *firewall*.

En la tercera parte se pueden configurar opciones avanzadas y el *logging*. En este caso se deja sin marcar esta casilla.

Hacer clic en **Next.**

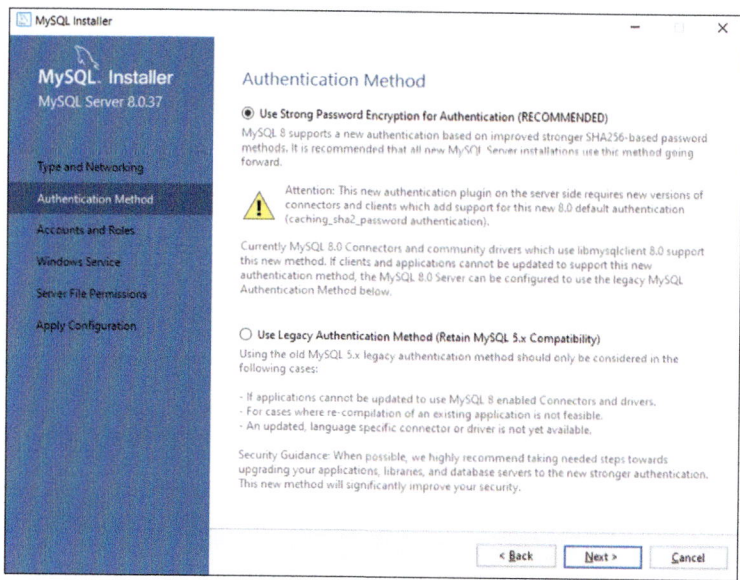

Instalación MySQL paso 7

En esta pantalla se elige el método de autenticación. Se debe marcar la opción de **Use Strong Password Encryption** por defecto y se pulsa **Next.**

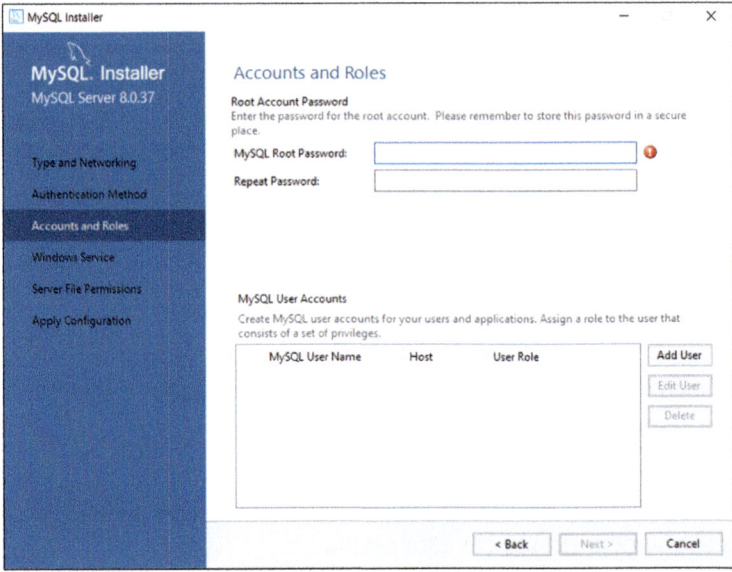

Instalación MySQL paso 8

En la pantalla de **Accounts and Roles** se debe elegir contraseña y usuario.

Para añadir usuario se pulsa en **Add User** y se rellenan los campos.

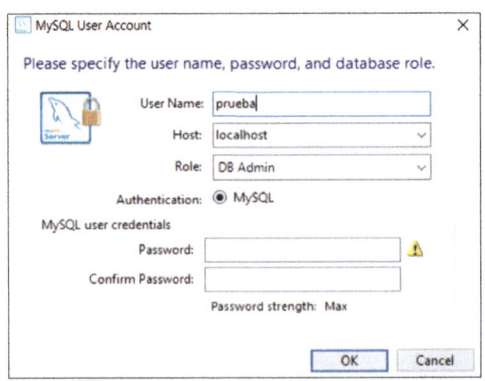

Añadir usuario MySQL

Se debe pulsar **OK** y aparecerá el usuario creado. Tras esto, se pulsa en **Next.**

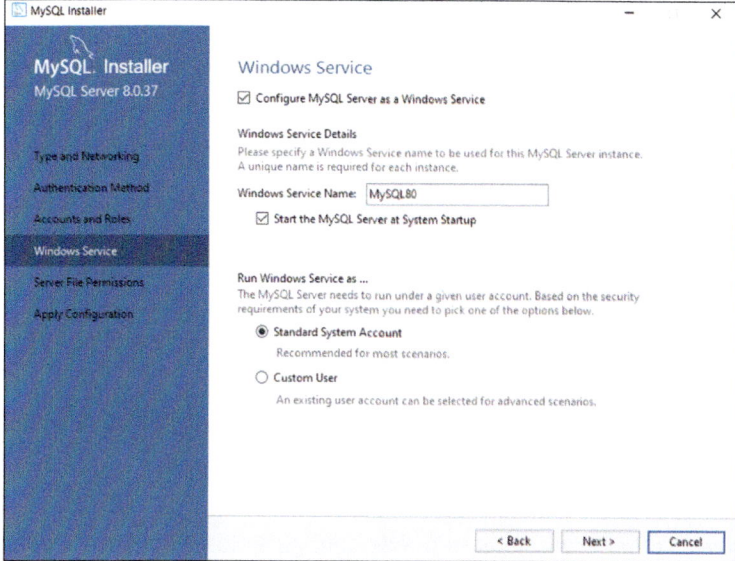

Instalación MySQL paso 9

En la siguiente ventana se podrá configurar MySQL como un servicio de *Windows* y que se ejecute al arrancar. Se deben dejar las opciones que vienen marcadas por defecto y se pulsa **Next.**

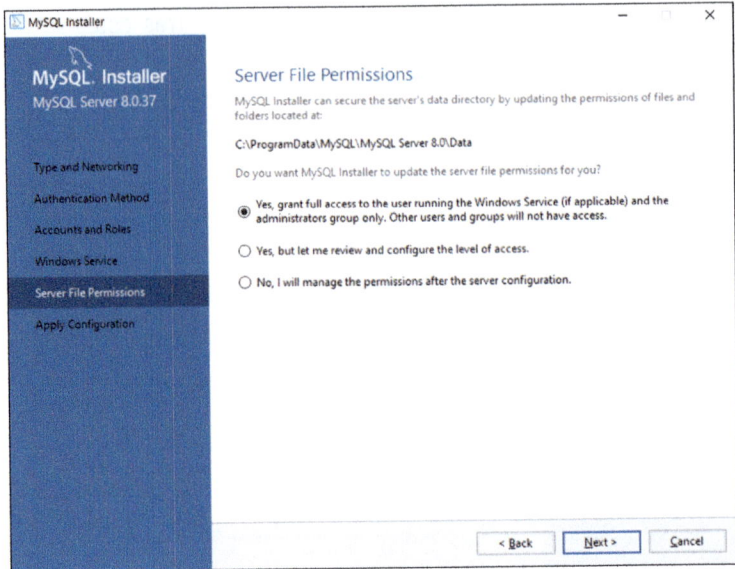

Instalación MySQL paso 10

En *Server File Permissions* se puede configurar los permisos de accesos al directorio del servicio de MySQL. Se debe pulsar **Next.**

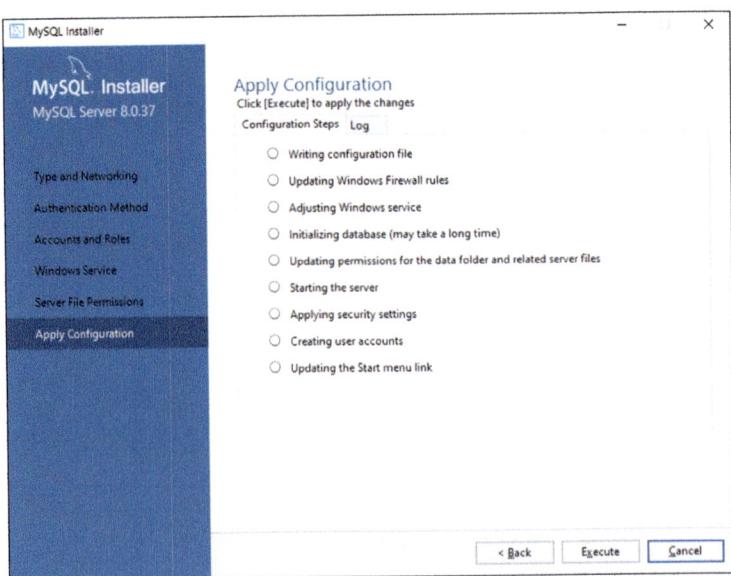

Instalación MySQL paso 11

En la última ventana aparecen los pasos de la configuración que se han ido seleccionando. Se pulsa en **Ejecutar** para que se apliquen. Este paso puede durar varios minutos.

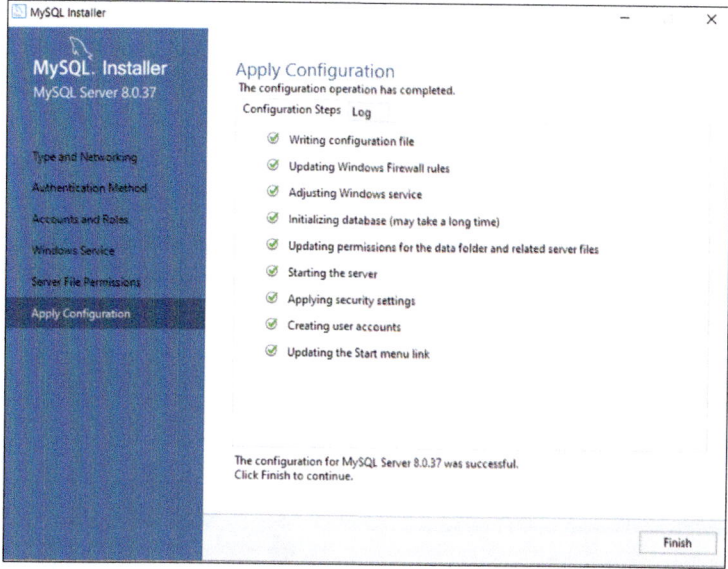

Instalación MySQL paso final

De esta forma ya se ha terminado la instalación de MySQL.

 Actividades

12. Determine si es obligatorio que el usuario administrador o *root* tenga contraseña en *MySQL*.

11.2. Instalación Oracle

Una vez seguidos los pasos descritos en puntos anteriores sobre la instalación del SGBD *Oracle 11g* sobre un entorno *Linux,* se procede a continuación a la instalación en sí del SGBD. La instalación en el sistema operativo *Microsoft Windows* es prácticamente igual en cuanto a la OUI se refiere, únicamente cambian las rutas internas del sistema operativo y la terminología del usuario administrador.

Una vez autenticados con el usuario *Oracle* ejecutar *Oracle Universal Installer* (OUI), es decir, ejecutar: **$ ./NombreDirectorioDescargado/11.2.0/database/runInstaller.** Tras varios segundos aparecerá la primera ventana donde opcionalmente se podrá introducir el correo electrónico, correo al que el SGBD enviará notificaciones de seguridad, además, también se podría configurar la contraseña de **My Oracle Support,** que sirve para gestionar automáticamente las actualizaciones de seguridad.

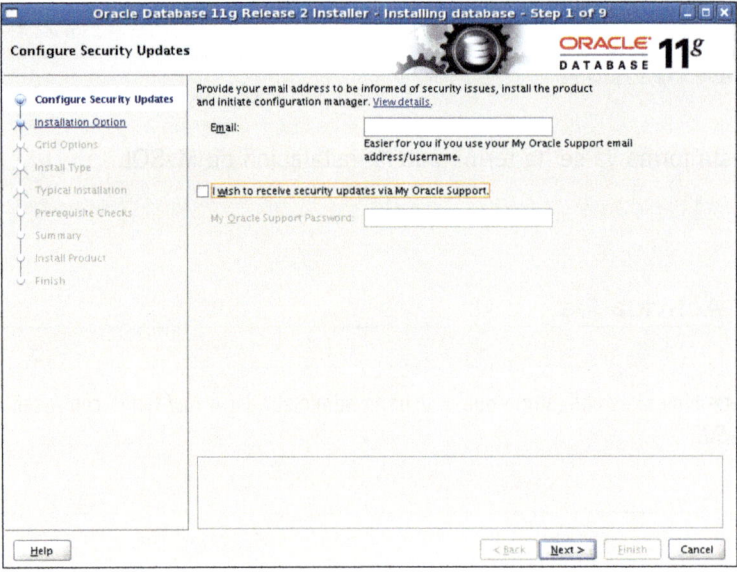

Instalación Oracle paso 1

En este caso se dejan ambas opciones sin efecto. Aparecerá un mensaje de advertencia que se obviará.

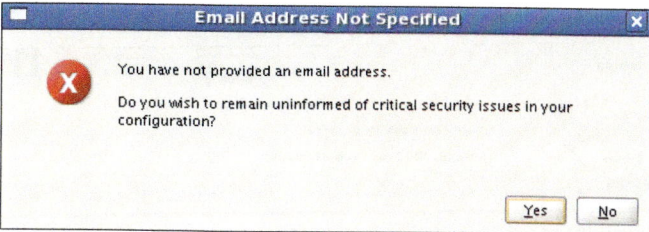

Instalación Oracle paso 2

En la siguiente ventana hay que seleccionar el tipo de instalación. La opción elegida será **Install database software only,** ya que esta opción permite únicamente instalar el SGBD. Las otras dos opciones instalarían el SGBD y una base de datos o actualizaría si ya estuviese instalado el SGBD.

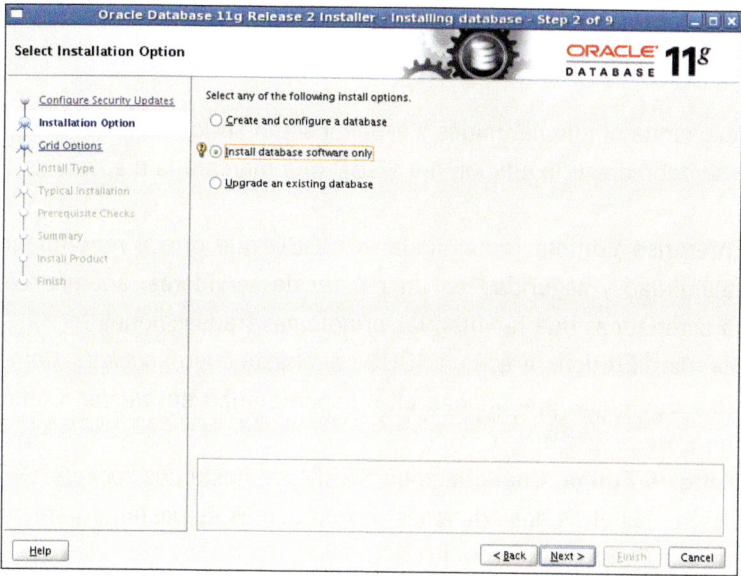

Instalación Oracle paso 3

En la siguiente ventana se selecciona **Single instance database installation** para elegir el tipo de GRID que se instalará.

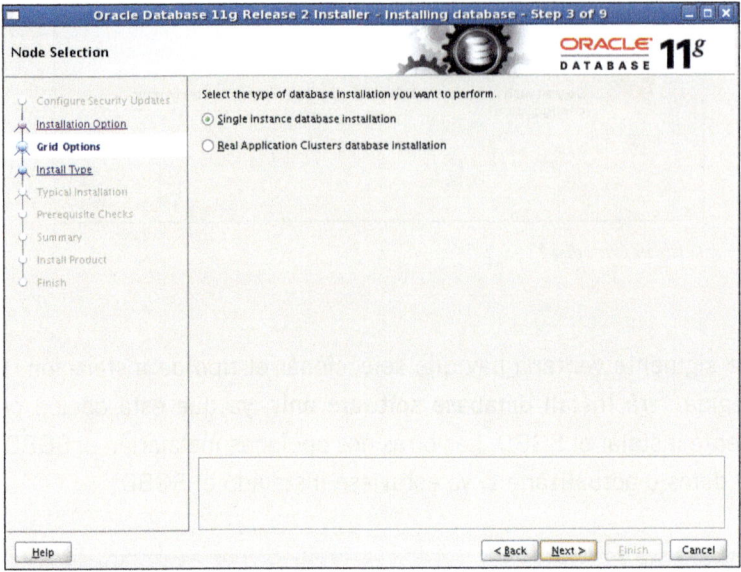

Instalación Oracle paso 4

Se selecciona el idioma: inglés y español serán suficientes. En la siguiente ventana se debe elegir la edición del SGBD que marcará la disposición lógica:

- **Enterprise Edition:** proporciona un SGBD que ofrece rendimiento, escalabilidad y seguridad en un *cluster* de servidores, además de otras características que facilitan las principales transacciones.
- **Standard Edition:** ofrece un SGBD para hasta cuatro *sockets.* Como principal diferencia proporciona alta disponibilidad en *cluster.* Compatible con *Enterprise Edition.*
- **Standard Edition One:** ofrece un SGBD con hasta dos *sockets.* Compatible con las otras dos ediciones. Por lo demás es bastante parecido a la edición *Enterprise Edition.*

Se selecciona la primera opción, **Enterprise Edition,** con los componentes por defecto **(Select Options).**

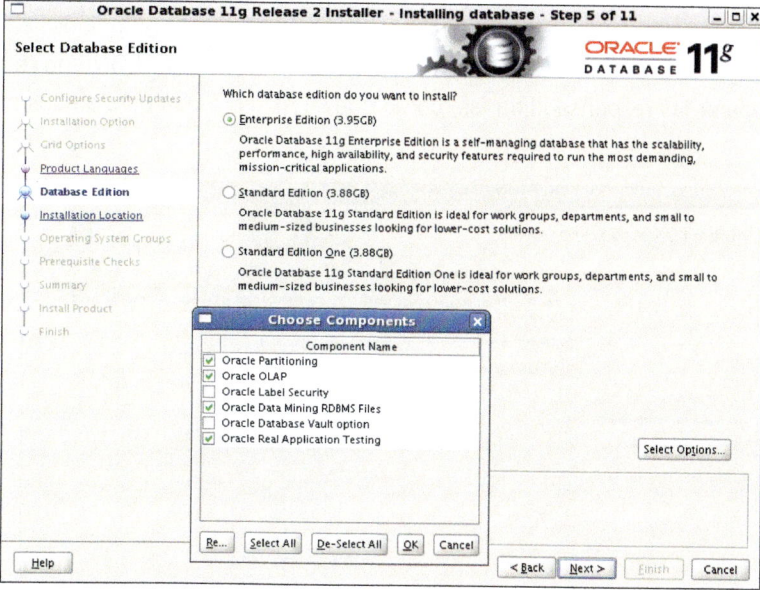

Instalación Oracle paso 5

Avanzando se llega a la especificación de la ruta de instalación, o lo que es lo mismo, la ubicación física del SGBD. Se deja la que viene por defecto.

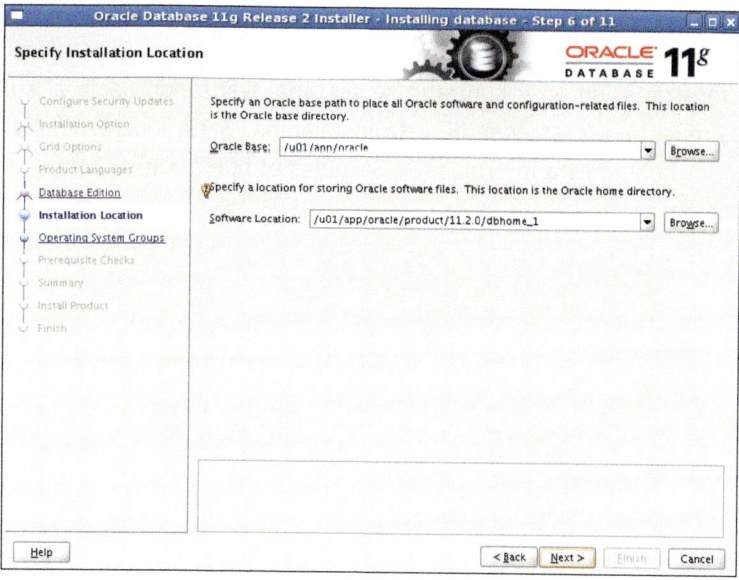

Instalación Oracle paso 6

En la siguiente ventana se procede a seleccionar los grupos apropiados para los privilegios OSDBA y OSOPER. Como esta instalación es STANDALONE no es necesario separar las responsabilidades, por lo que se marcará **dba** para ambos casos.

Instalación Oracle paso 7

En el siguiente paso se comprueban los prerrequisitos. Si hubiese algún fallo se mostraría, en caso contrario se seguiría avanzando hacia el sumario, donde se muestra un resumen de esta instalación. Sería recomendable almacenar en un fichero esta información. Se pulsa el botón **Finish** para comenzar la instalación.

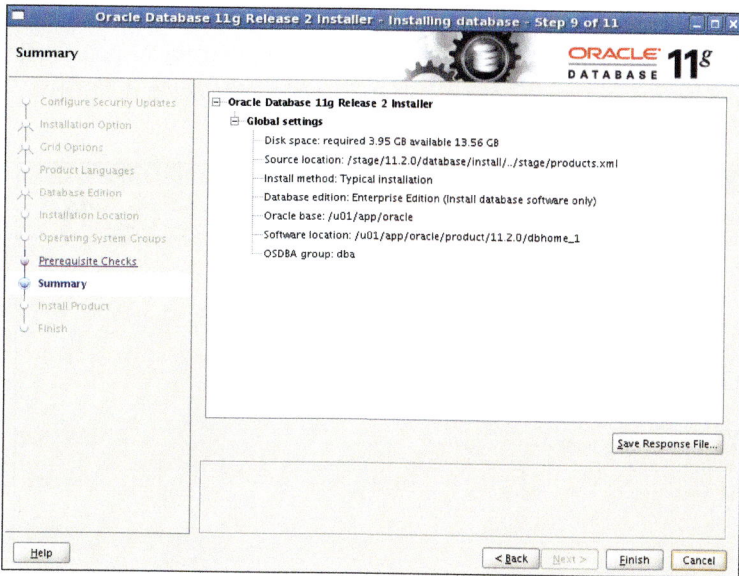

Instalación Oracle paso 8

Al igual que sucedía con la instalación del GRID se solicitará la ejecución de un *script* como usuario administrador o *root* del sistema operativo.

Execute Configuration scripts

The following configuration scripts need to be executed as the "root" user.

Scripts to be executed:

Number	Script Location
1	/u01/app/oracle/product/11.2.0/dbhome_1/root.sh

To execute the configuration scripts:
1. Open a terminal window
2. Log in as "root"
3. Run the scripts
4. Return to this window and click "OK" to continue

Help   OK

Instalación Oracle paso 9

Simplemente se debe pulsar la tecla **[Enter]** para dejar las opciones por defecto cuando se ejecute dicho *script* desde la terminal como usuario *root*. Finalmente, debe aparecer una ventana confirmando la correcta instalación del SGBD.

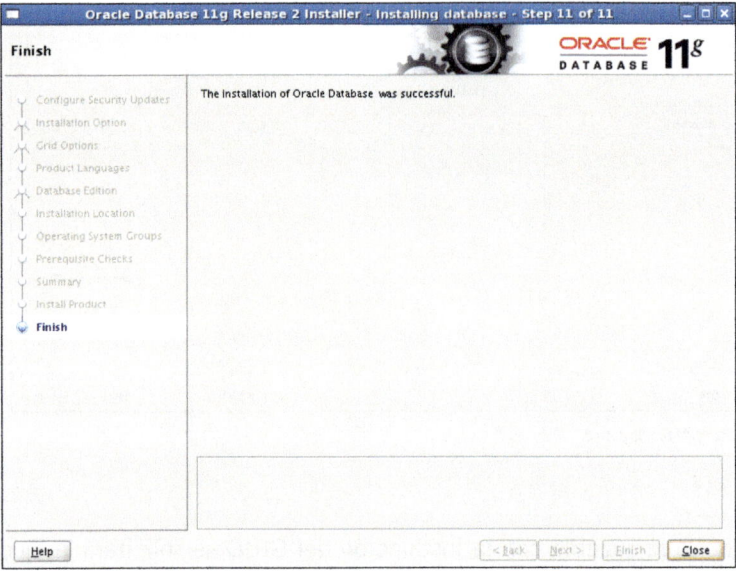

Instalación Oracle paso 10

 **Actividades**

13. Indique si serían necesarios los permisos de administración del sistema operativo *(Windows-Linux)* para realizar la instalación de un SGBD *Oracle-MySQL*.
14. Después de crear los grupos de discos ASM, ¿se podrían añadir más discos si hubiera necesidad?
15. Busque un ejemplo de carácter *multibyte*.
16. Señale qué utilidad podría tener guardar el archivo de instalación del SGBD *Oracle*. (Archivo que se genera tras finalizar la instalación, y que se puede o no almacenar).

Aplicación práctica

¿Se podría instalar el SGBD *Oracle* sin entorno gráfico en el sistema operativo? En caso afirmativo, ejecute el inicio de instalación.

SOLUCIÓN

La respuesta es sí. Habría varias opciones: preparando un fichero de respuestas, ya que el propio SGBD provee de varias plantillas que ayudan a la configuración de este fichero, ejecutando la OUI en modo línea de comandos, y finalmente ejecutando en remoto con ayuda del protocolo X11.

En este caso se usará el protocolo X11. Hay varias herramientas apropiadas para ello: *Xming* o *MobaXterm* son algunas de ellas. El objetivo sería ejecutar la aplicación gráfica de instalación de *Oracle* desde un equipo remoto, el cual, sí que tiene entorno gráfico. El primer requisito es que este servidor tenga habilitadas las X11, así como instalado *SSH-Server*. El siguiente paso sería instalar una de las aplicaciones nombradas anteriormente, en este caso podría probarse con MobaXterm 6.6, donde simplemente se selecciona **Sessions.** Posteriormente se introduce el servidor y puerto donde se encuentre el servicio SSH, normalmente el puerto 22.

Continúa en página siguiente >>

<< Viene de página anterior

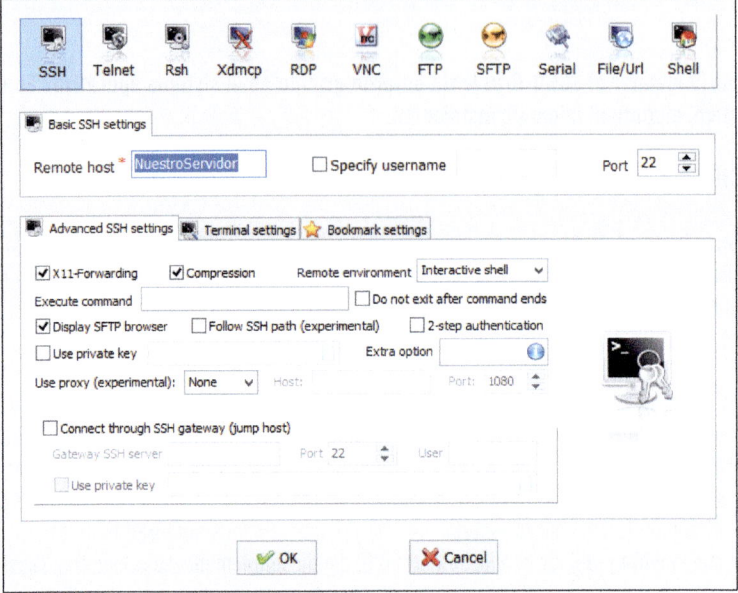

MobaXterm

Una vez establecida la conexión vía SSH y logado como usuario Oracle simplemente se ejecuta el comando runInstaller.

11.3. Instalación MySQL sobre Linux

Se añade este último punto debido a que no requiere licencia ni el SGBD, ni el sistema operativo.

La distribución seleccionada será **Ubuntu 22.04,** aunque en el caso de que fuese un entorno real sería **Ubuntu-Server** la versión más recomendable.

La instalación es trivial: hay dos caminos para instalar *MySQL*. Por un lado puede hacerse a través de terminal con la instrucción **$ sudo apt-get install** ***mysql-Server:***

```
reading /usr/share/mecab/dic/ipadic/Verb.csv ... 130750
reading /usr/share/mecab/dic/ipadic/Noun.csv ... 60477
reading /usr/share/mecab/dic/ipadic/Postp-col.csv ... 91
reading /usr/share/mecab/dic/ipadic/Conjunction.csv ... 171
reading /usr/share/mecab/dic/ipadic/Postp.csv ... 146
emitting double-array: 100% |###########################################|
reading /usr/share/mecab/dic/ipadic/matrix.def ... 1316x1316
emitting matrix      : 100% |###########################################|

done!
update-alternatives: utilizando /var/lib/mecab/dic/ipadic-utf8 para proveer /var
/lib/mecab/dic/debian (mecab-dictionary) en modo automático
Configurando mysql-server-8.0 (8.0.37-0ubuntu0.22.04.3) ...
update-alternatives: utilizando /etc/mysql/mysql.cnf para proveer /etc/mysql/my.
cnf (my.cnf) en modo automático
Renaming removed key_buffer and myisam-recover options (if present)
mysqld will log errors to /var/log/mysql/error.log
mysqld is running as pid 3502
Created symlink /etc/systemd/system/multi-user.target.wants/mysql.service → /lib
/systemd/system/mysql.service.
Configurando mysql-server (8.0.37-0ubuntu0.22.04.3) ...
Procesando disparadores para man-db (2.10.2-1) ...
Procesando disparadores para libc-bin (2.35-0ubuntu3.6) ...
```

Instalación MySQL Ubuntu paso 1

Durante la descarga e instalación se configura automáticamente el usuario *root* de MySQL con el del propio Ubuntu, por lo tanto, la contraseña de este usuario será la misma que se usa en el sistema operativo. El proceso terminará de forma automática.

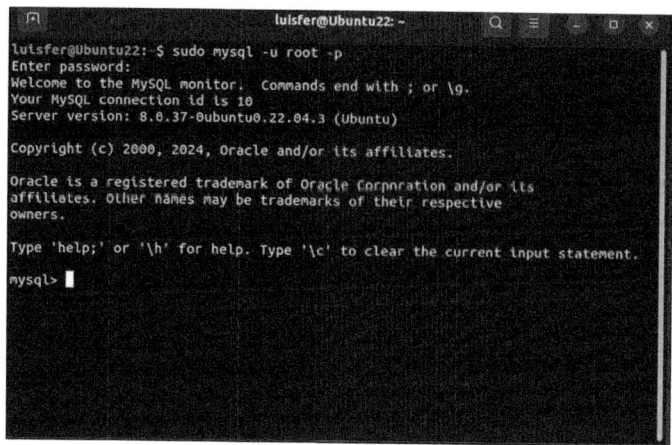

Instalación MySQL Ubuntu paso 2

La segunda forma de proceder a la hora de realizar una instalación de *software* en el sistema operativo *Ubuntu 22.04,* y en general, prácticamente en todas las distribuciones *Linux,* es mediante el centro de *software* o gestor de paquetes *synaptic.*

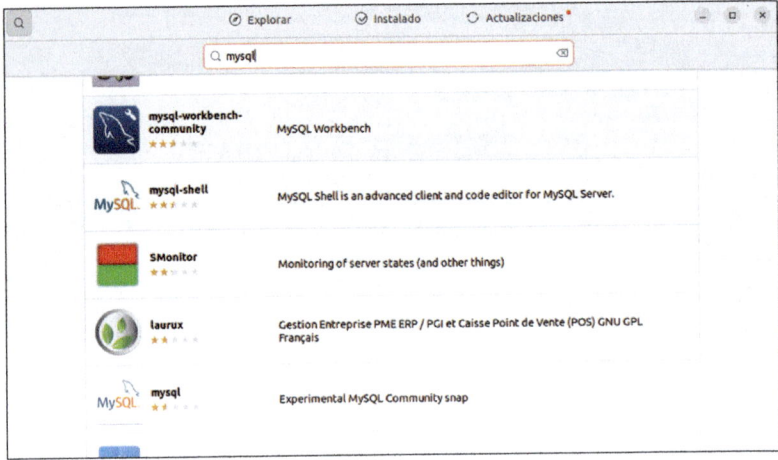

Instalación MySQL Ubuntu paso 3

Al realizar la búsqueda de MySQL aparece todo lo relacionado con MySQL, pudiendo instalar lo que se desee haciendo clic en él.

 Actividades

17. Si se produce la instalación de *MySQL-Server* en el sistema operativo *Ubuntu,* ¿podría conectar desde su sistema operativo a otro servidor de base de datos *MySQL*? ¿Tiene soporte el SGBD MySQL?
18. Busque en internet si el sistema operativo *Ubuntu 22.04* es compatible con el SGBD *SQL Server 2022.*

 Aplicación práctica

Para realizar la instalación de *MySQL* sobre un sistema operativo *Linux* en el terminal o consola de *Linux*, ¿es necesario tener permisos de administrador del sistema? ¿Qué comando es necesario? ¿Cómo se podría corroborar la correcta instalación? ¿Se podría instalar sin usar la consola o terminal?

SOLUCIÓN

Sin permisos de administrador no se podría realizar la instalación. En el caso de *Linux* este usuario es *root*. El comando empleado en la instalación es sudo **apt-get install *mysql-server***, aunque podría variar dependiendo de la distribución *Linux* empleada.

Para corroborar la instalación bastaría con ejecutar desde el terminal **mysql –u root –p**. De esta forma se accede al servidor de *MySQL*.

Se podría realizar la instalación desde el gestor de paquetes *synaptic* o centro de *software*.

12. Resumen

En el presente capítulo se ha realizado un análisis sobre el proceso a seguir a la hora de instalar un SGBD.

En primera instancia habría que analizar los requisitos planteados por la empresa o institución, y en base a esos requisitos seleccionar uno u otro sin perder de vista el entorno *hardware* y *software* donde se instalará.

Una vez seleccionado será necesario identificar los puntos clave de la licencia de uso, así como los requisitos del SGBD para el sistema operativo y componentes *hardware*.

Puede ser de vital importancia analizar los diferentes componentes *software* que se podrían incluir en la instalación, siendo clave para el futuro funcionamiento correcto del SGBD.

Además se ha puesto en liza los diferentes aspectos que conlleva la elección un sistema operativo a la hora de instalar el SGBD, siempre y cuando se pueda elegir.

Por último se pone de relieve la importancia del juego de caracteres, algo que a priori no parece vital, y se ha detallado paso por paso la instalación de *MySQL* y de *Oracle* en los sistemas operativos *Microsoft Windows* y *Linux*, en concreto, *Red Hat Enterprise 9, Windwos 11* y *Ubuntu 22.04.*

Ejercicios de repaso y autoevaluación

1. ¿Para qué sirve el GRID de Oracle?

2. ¿Qué comando se usa para definir la variable ORACLE_SID desde un terminal Linux?

3. ¿Cuál de los siguientes ítems no forma parte del GRID de Oracle?

    a. ASM.
    b. Real application cluster.
    c. Enterprise manager GRID control.
    d. Data.

4. ¿Se podría afirmar que MySQL es *software* libre?

5. Indique cuál de los siguientes términos no es una variable del entorno Oracle.

    a. ORACLE_BASE.
    b. ORACLE_HOME.
    c. ORACLE_STRIPPING.
    d. ORACLE_SID

6. ¿Cuántos grupos de usuarios podrían ser necesarios para la instalación de Oracle? ¿Cómo se llaman?

_____

_____

7. En la versión de Oracle, ¿qué significa 11gr2?

_____

_____

8. Complete los espacios libres de la siguiente oración.

Los juegos de caracteres determinan qué caracteres se pueden usar en los nombres, y por ejemplo, influyen en las cláusulas _____ u _____ .

9. Al comienzo de la instalación de Oracle se solicita el email del administrador de base de datos, así como si se desea recibir las actualizaciones. ¿Es obligatorio para continuar con la instalación?

_____

_____

10. ¿Qué tamaño mínimo en disco se recomienda para instalar MySQL 8.4 en sistemas operativos Microsoft Windows?

_____

_____

11. ¿Hay alguna herramienta de MySQL que guarde semejanza con el GRID de Oracle?

_____

_____

12. Relacione cada una de las siguientes instrucciones con el tipo de lenguaje.

    a. La vista v$asm_diskgroup.
    b. La herramienta Workbench.
    c. El parámetro NLS_LANG.

    __ SGBD Oracle.
    __ SGBD MySQL.

13. ¿Qué tres tipos de juego de caracteres hay en los SGBD Oracle y MySQL?

_____
_____

14. Si se modifica el juego de caracteres en MySQL, ¿qué se debería ejecutar? ¿Con qué objetivo?

_____
_____

15. De las siguientes afirmaciones indique cuál es verdadera o falsa.

    a. El tamaño de la empresa o institución, además del presupuesto económico, determinan e gran medida la elección del SGBD, siempre partiendo de unos requerimientos iniciales.

        ☐ Verdadero
        ☐ Falso

    b. Desde un sistema operativo Microsoft Windows con el cliente de MySQL instalado no será posible conectar a un servidor MySQL instalado en un sistema operativo Linux.

        ☐ Verdadero
        ☐ Falso

c. MySQL utiliza por defecto el juego de caracteres ISO-8859-1.

☐ Verdadero
☐ Falso

Capítulo 5
Descripción de los mecanismos de comunicación del SGBD

Contenido

1. Introducción

A los SGBD se accede de manera remota, de hecho, en la mayoría de los casos el SGBD y los clientes no se encontrarán en la misma red. Para establecer esta conexión se usan diferentes protocolos y mecanismos que serán descritos a lo largo del capítulo, donde destaca como acceso más común el TCP/IP bajo la arquitectura cliente/servidor, aunque también se utilizan mecanismos como la memoria compartida o el uso de *socket*.

Otra parte vital para interactuar con los SGDB es la figura del cliente, clientes cada vez con más funcionalidades y que facilitan sobremanera las diferentes tareas con el SGBD, así como el establecimiento de la conexión. Cabe destacar la importancia de la arquitectura de red donde se aloja el SGBD, determinando en gran medida las pautas para establecer una conexión.

Existen también una serie de bibliotecas para facilitar la interacción de diferentes programas o aplicaciones con los SGBD, como pueden ser JDBD u ODBC.

Estas bibliotecas permiten, por ejemplo, que en el desarrollo de una aplicación con tecnología *Java* el equipo de desarrollo pueda abstraerse de la implementación y conexión a un determinado SGBD.

2. Configuración del acceso remoto a la base de datos en al menos un SGBD del mercado

Se verá la configuración del acceso remoto tanto en *MySQL* como en *Oracle*. En ambos casos se necesitará un cliente en el equipo, y lógicamente una base de datos a la que conectarse.

Tanto en *MySQL* como en *Oracle* la instalación mediante entorno gráfico en *Linux* y *Microsoft Windows* son similares, lo único que difiere son las especificaciones de las rutas del sistema operativo.

2.1. Acceso remoto MySQL

Por lo general en diferentes aspectos de configuración e instalación *MySQL* presenta una mayor simplicidad a la hora de realizar conexiones remotas.

El primer paso sería la descarga del cliente de *MySQL* para *Microsoft Windows 11.* En este caso se usará *MySQL Workbench 8.0.* El proceso de instalación se detalla a continuación:

La primera ventana que aparece simplemente muestra la versión y advierte del *copyright:*

Instalación cliente MySQL paso 1

Actividades

1. Busque en internet *MySQL Workbench* compatible a su sistema operativo.

Al continuar se debe decidir la ruta de instalación, la que viene por defecto es correcta.

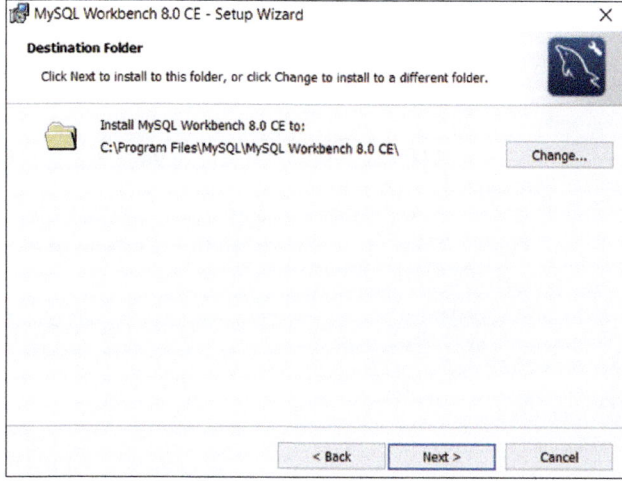

Instalación cliente MySQL paso 2

Posteriormente se elige la instalación completa y se continúa. La instalación puede llevar varios minutos.

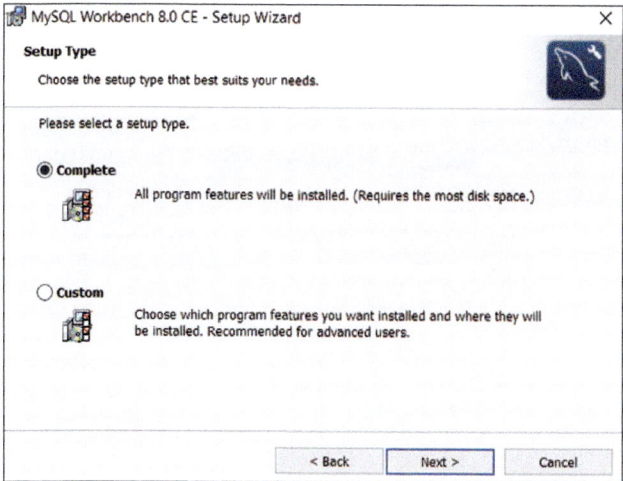

Instalación cliente MySQL paso 3

Una vez finalizada la instalación se accede a la aplicación y se selecciona del menú superior **Database/Connect to Database** o se ejecuta la combinación de teclas [Ctrl + U].

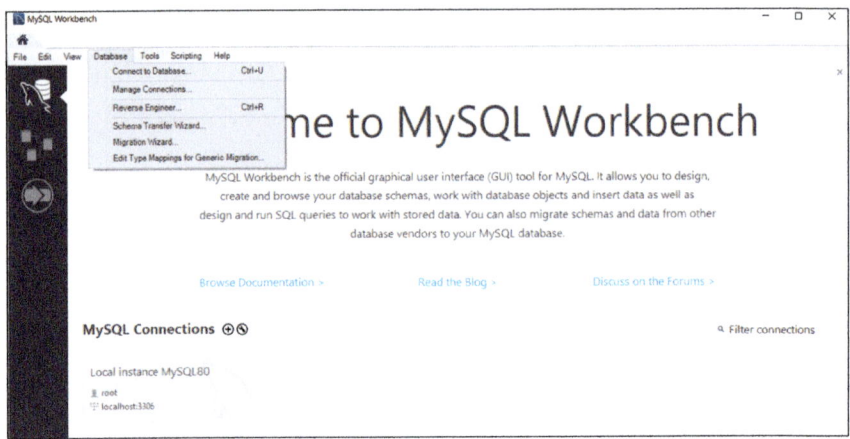

Configuración Workbench paso 1

Aparecerá la siguiente ventana de donde se debe seleccionar el método de conexión y los parámetros. En **Hostname** debe estar el servidor *MySQL* al cual se conectará el **puerto** donde se encuentra el servicio *MySQL* (por defecto es el 3306), el **usuario** que se usará, y si se desea conectar con un esquema concreto.

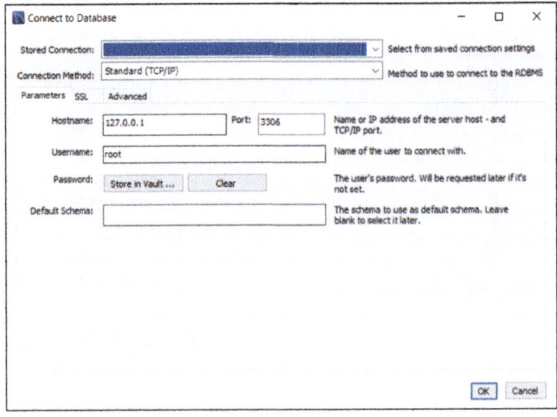

Configuración Workbench paso 2

Hay que marcar la utilidad de la opción del menú **Database/Manage Connections** desde donde se puede crear, probar y almacenar las conexiones al servidor, y de esta forma facilitar futuras conexiones, tal como se muestra en la siguiente imagen, donde se cargan los datos de la conexión **Local instance MySQL80.**

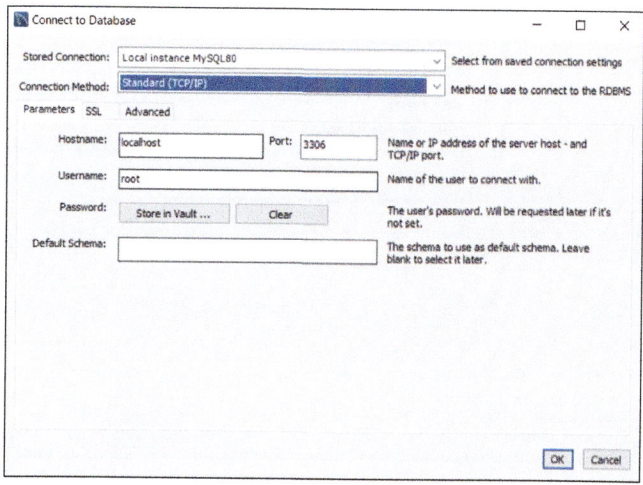

Configuración Workbench paso 3

Por último, es importante destacar, aunque es responsabilidad del administrador de la base de datos, el hecho de que a diferencia de *Oracle* u otros SGBD, *MySQL,* además de tener que autorizar o asignar privilegios a un determinado usuario, tiene que configurar también la IP para accesos remotos, de manera que en caso de no estar configurada no tendría acceso remoto ese usuario.

2.2. Acceso remoto Oracle

La principal diferencia existente con el procedimiento determinado para *MySQL* es la necesidad de definir un archivo con los parámetros de conexión. Este archivo se denomina "tnsnames.ora".

El primer paso, tal como sucedía con *MySQL,* sería descargar el cliente adecuado al sistema operativo, así como la versión correcta. (En la instalación del SGBD *Oracle 11gR2* se obtendrá el cliente 11gR2). Una vez se ha descargado el *software* se procede a la instalación, en este caso en *Microsoft Windows 8,* apareciendo la siguiente ventana:

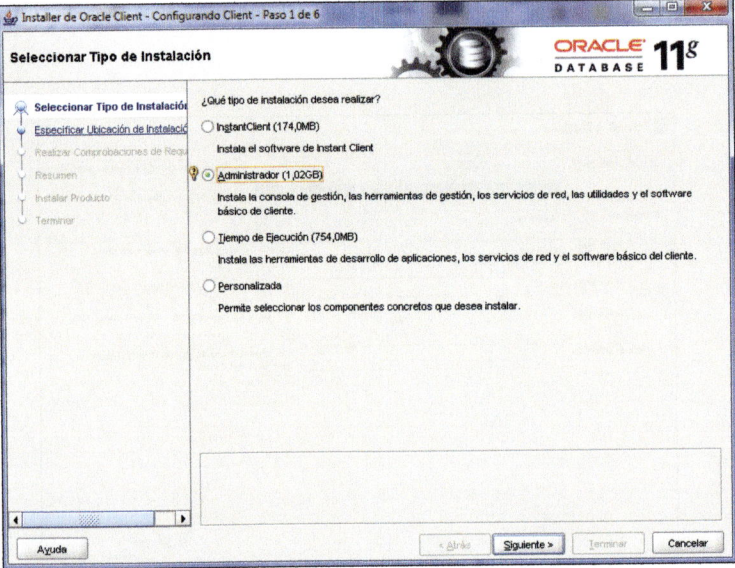

Instalación cliente Oracle paso 1

Se selecciona la segunda opción, **Administrador.** En el siguiente paso se marca el idioma, y después se debe identificar la ruta para la instalación: se puede dejar la ruta por defecto.

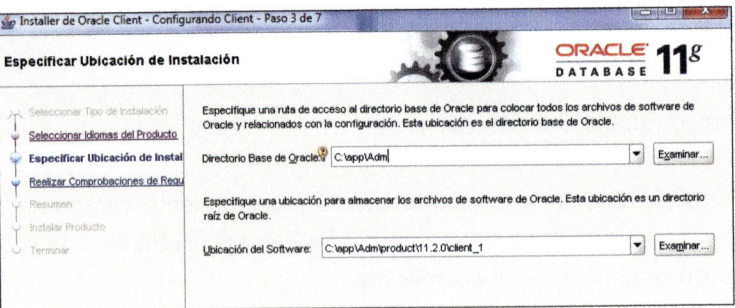

Instalación cliente Oracle paso 2

Posteriormente, el instalador realizará unas comprobaciones además de resumir los parámetros de la instalación:

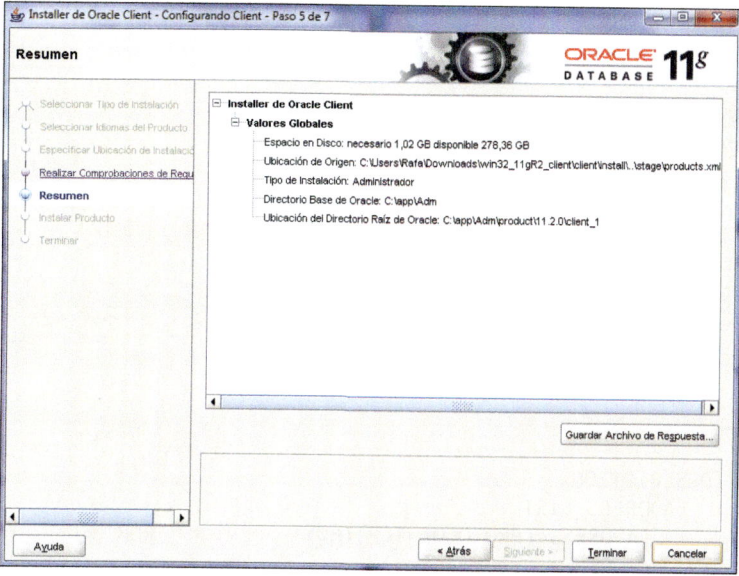

Instalación cliente Oracle paso 3

El archivo de la instalación puede ser almacenado para futuras instalaciones. Después de varios minutos el *software* quedará instalado.

El siguiente paso sería la configuración del "tnsnames.ora". Este archivo almacena los diferentes parámetros para establecer la conexión o conexiones con los SGBB *Oracle.* Para localizar el archivo se debe acceder a la raíz u ORACLE_HOME de la instalación del cliente *Oracle,* y una vez allí, la ruta sería: ***/product/11.2/client_1/NETWORK/ADMIN/tnsnames.ora.***

Por otro lado, el aspecto de este fichero sería el siguiente:

```
#tnsnames.ora Network Confinguration File: C:\oracle\pro-
duct\11.2.0\client_1\network\admin\tnsnames.ora
#Generated by Oracle configuration tools.
Nombre_conexión=
(DESCRIPTION_LIST
   (DESCRIPTION=
      (ADDRESS_LIST=
         (ADDRESS=(PROTOCOL=TCP)(HOST=Servidor_Oracle)
         (PORT=Puerto_Oracle))

      )
      (CONNECT_DATA=
         (SERVICE_NAME=Nombre_base_de_datos)
      )

   (DESCRIPTION=
      (ADDRESS_LIST=
         (ADDRESS=(PROTOCOL=TCP)(HOST=Servidor_Oracle)
         (PORT=Puerto_Oracle))

      )
      (CONNECT_DATA=
         (SERVICE_NAME=Nombre_base_de_datos)
      )


   )
```

Ejemplo "tnsnames.ora"

Nombre_conexión será el nombre que se desee usar para la conexión que se gestiona (una buena práctica sería que ese nombre llevase el del servidor al que accede). El protocolo será **TCP**, el *host* y puerto deben coincidir con el servidor donde se ubica *Oracle* y el puerto donde ofrece el servicio, el puerto por defecto es el 1521.

Por último, el SERVICE_NAME coincidirá con el nombre que tuviese el SID de *Oracle*. En la instalación por defecto es **orcl**. Añadir, que al igual que se podrían incluir diferentes direcciones (ADDRESS_LIST se usa en conexiones a *cluster)*, también se podrían incluir varias descripciones de conexión dentro (DESCRIPTION_LIST).

Existen otros parámetros opcionales que puede incluir el "tnsnames", como son LOAD_BALANCE o FAILOVER, entre otros. Estos dos parámetros pueden contener los valores *on/off,* y básicamente se utilizan para balanceos de sesiones en conexiones *cluster.*

 Aplicación práctica

Si un administrador de base de datos facilita los siguientes datos:

I SID = orcl_remoto
I IP = 193.147.197.24
I Puerto = 1522

¿Qué aspecto tendría el "tnsnames.ora"? El nombre de la conexión será Acceso_ externo.

SOLUCIÓN

El aspecto del "tnsnames.ora" sería:

```
Acceso_externo =
  (DESCRIPTION =
    (ADDRESS_LIST =
      (ADDRESS = (PROTOCOL = TCP)(HOST = 193.147.197.24)
      (PORT = 1522))
    )
    (CONNECT_DATA =
      (SERVICE_NAME = orcl_remoto)
    )
  )
```

Actividades

2. Descargue el cliente *Oracle 11gR2* adecuado a su sistema operativo.

Es importante comentar que también es posible realizar la conexión a una base de datos *Oracle* de forma remota sin necesidad de instalar el cliente *Oracle* y configurar el "tnsnames.ora". El único inconveniente es que no se podrían realizar muchas de las tareas que un administrador de base de datos lleva a cabo. Esto sería posible con la instalación del *software* de *Install client* de *Oracle*, y para establecer una conexión sería suficiente con instalar la aplicación de *SQLPlus* e indicar desde *SQLPlus*: **usuario/contraseña@Servidor_Oracle:puerto/Nombre_Base_de_Datos.**

Un último detalle es el archivo "sqlnet.ora", archivo que también se encuentra en la misma ubicación que el "tnsnames", y cuyo contenido tiene como utilidad decidir si la conexión se producirá a través del "tnsnames" o no.

```
# Generated by Oracle configuration tools.

# This file is actually generated by netca. But if customers
# choose to install "Software Only", this file wont exist and
# without the native authentication, they will not be able to
# connect to the database on NT.

SQLNET.AUTHENTICATION_SERVICES= (NTS)

NAMES.DIRECTORY_PATH= (TNSNAMES)
```

Ejemplo "sqlnet.ora"

De manera que si fuese con "tnsnames" quedaría como la imagen mostrada anteriormente, y si fuese el segundo método habría que modificarlo a NAMES. DIRECTORY_PATH = (EZCONNECT). "Ezconnect" es un método de conexión simplificada de *Oracle* que no tiene necesidad de usar el "tnsnames" para establecer la conexión con el servidor, únicamente se estable la conexión con las credenciales. También está la opción de priorizar dejando ambos, es decir, NAMES.DIRECTORY_PATH = (TNSNAMES,EZCONNECT). Intentando primero la conexión con "tnsnames", y en caso de fallo con "ezconnect".

Una vez se tiene configurado el cliente *Oracle* únicamente faltaría establecer la conexión con el uso de alguna herramienta como *SQLPlus* o *SQLDeveloper*. La primera viene incorporada con la instalación del cliente *Oracle,* aunque antes de usar ninguna de estas herramientas sería recomendable comprobar la correcta configuración del "tnsnames.ora". Para ello se ejecuta desde la consola, terminal o símbolo del sistema de *Windows* la siguiente instrucción: **tnsping Nombre_Conexión,** donde **Nombre_Conexión** es el empleado en el "tnsnames. ora".

Comprobada la correcta configuración del "tnsnames.ora" se procede a la conexión con el uso de *SQLPlus* de la siguiente forma:

SQLPlus

En este caso las credenciales son facilitadas por el administrador y la cadena de *host* sería el **Nombre_Conexión** empleado en el "tnsnames.ora".

Aplicación práctica

Suponga que trabaja en una empresa como administrador de base de datos. Un nuevo empleado se ha incorporado a la organización y se le ha facilitado un equipo con las pertinentes configuraciones ya hechas, pero este empleado está teniendo problemas con la conexión a la base de datos *Oracle*. Recibe una llamada suya y le dice que ha estado mirando la configuración del "tnsnames", y que parece que está correcta. Le envía una captura de pantalla de su "tnsnames", siendo Nombre_conexión = orcl2. ¿Cómo puede comprobar si la configuración del "tnsnames" es la correcta?

SOLUCIÓN

La solución más inmediata y rápida sería ejecutar un *tnsping* a *orcl2*.

```
C:\            >tnsping orcl2

TNS Ping Utility for 32-bit Windows: Version 10.2.0.1.0 - Production on 03-DIC-2
013 10:17:24

Copyright (c) 1997, 2005, Oracle.  All rights reserved.

Archivos de parßmetros utilizados:
C:\oracle\product\10.2.0\client_3\network\admin\sqlnet.ora

Adaptador TNSNAMES utilizado para resolver el alias
Attempting to contact (DESCRIPTION = (ADDRESS_LIST = (ADDRESS = (PROTOCOL = TCP)
(HOST = localhost)(PORT = 1523))) (CONNECT_DATA = (SERVICE_NAME = orcl)))
Realizado correctamente (10 mseg)
```

Se observa que se ha realizado correctamente, luego el problema no está en la configuración del "tnsnames".

3. Descripción de la comunicación cliente/servidor con el SGBD

Básicamente un equipo servidor ofrece un servicio y varios clientes lo solicitan, todo ello usando una red de comunicaciones, por ejemplo, en una LAN. Podría ser en dos o tres capas (incluso más de tres capas).

Un ejemplo de cómo interactúa la arquitectura cliente-servidor en dos capas es:

- El usuario se conecta al servidor donde se encuentra el SGBD.
- El servidor establece la conexión llevando a cabo el proceso de autenticación.
- El usuario escribe una sentencia en *SQL* o en otro lenguaje y la ejecuta contra el servidor.
- El cliente verifica la correcta sintaxis y genera una solicitud al servidor.
- La solicitud llega al servidor, que acepta y procesa la solicitud comprobando la autorización, posible actualización, etc. y envía al cliente la respuesta.
- El cliente formatea los resultados y los muestra al usuario.

 Nota

Aunque lo normal es que en la comunicación cliente/servidor se utilicen máquinas diferentes, no quiere decir que una misma máquina no pueda implementar la arquitectura cliente/servidor.

Este ejemplo se representa en la siguiente imagen:

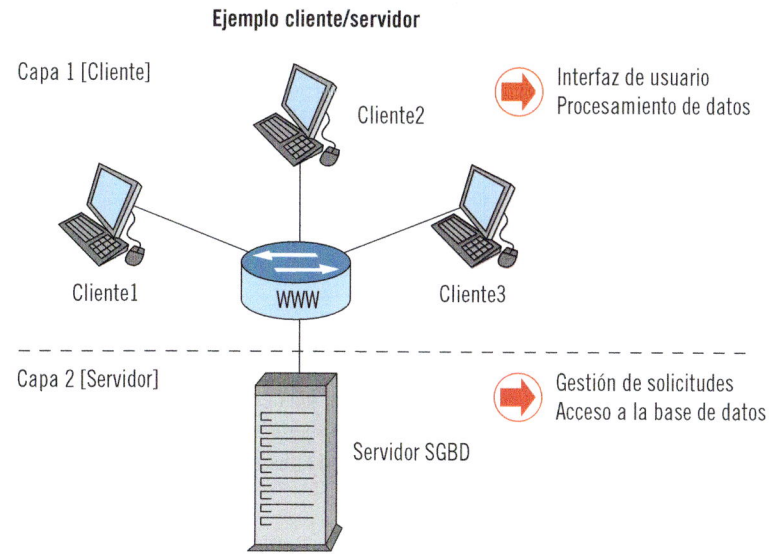

Ejemplo cliente/servidor

Al añadir una tercera capa, además de tener una serie de ventajas ya conocidas, se introduce una capa intermedia que asume parte de las responsabilidades, tal como se puede observar en la siguiente imagen:

Ejemplo cliente/servidor tres capas

Capa 1 [Cliente]

Cliente2

Interfaz de usuario

Cliente1 WWW Cliente3

Capa 2
[Servidor intemedio]

Procesamiento de datos

Servidor Aplicaciones

WWW

Capa 3
[Servidor SGBD]

Gestión solicitudes
Acceso a la base de datos

Servidor SGBD

Actividades

3. Reflexione sobre si podría conectarse con la versión de cliente 11gR2 de *Oracle* al SGBD *Oracle 1*. Y si tuviese el cliente 10 de *Oracle*, ¿podría conectarme al SGBD *Oracle 11*?
4. Piense en un ejemplo de arquitectura en cuatro capas cliente/servidor.

4. Identificación de las diferencias de los medios de acceso cliente/servidor: *socket,* memoria compartida y TCP/IP

La comunicación cliente/servidor se puede realizar usando diferentes protocolos, aunque la forma más habitual es usar TCP/IP.

4.1. TCP/IP

TCP e IP son los dos protocolos más conocidos para enlazar computadores a través de una red y de manera independiente al sistema operativo que usen, o al nivel de enlace de datos, o nivel físico que empleen. Estos dos protocolos dan nombre a la arquitectura TCP/IP, arquitectura que está compuesta por más protocolos, como se puede observar en la siguiente imagen:

TCP/IP

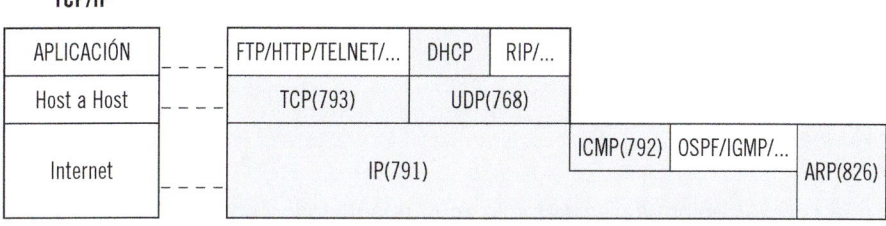

Protocolos TCP/IP

TCP son las siglas de *Transfer Control Protocol,* así como IP son las siglas de *Internet Protocol.* El origen de estos dos protocolos data los años 70, cuando el departamento de defensa de los EE. UU. los usó en la red ARPANET.

Evitando entrar en más detalles sobre TCP/IP, cabe decir que gracias al uso de TCP/IP se puede establecer una conexión entre un cliente de base de datos y un servidor de base de datos remoto conociendo una serie de datos:

- Nombre del servidor donde se encuentra el SGBD.
- Credenciales de acceso.
- Puerto donde se ofrece el servicio.
- Nombre de la base de datos.

En la imagen siguiente se puede observar un ejemplo de conexión TCP/IP. Por último, añadir que es el medio de comunicación más usado entre un cliente de base de datos y un SGBD.

Configuración Workbench paso 3

4.2. *Socket*

La comunicación vía *socket* está muy relacionado con TCP/IP. En primer lugar se describirá la finalidad de los *sockets:* con el uso de *sockets* dos programas pueden comunicarse de forma precisa y ordenada.

Para una comunicación con *sockets* es necesario:

- Dos direcciones de nivel de red (capa tres del modelo OSI). Una dirección de la máquina origen y la otra del destino.
- Dos puertos, uno de la máquina origen y el otro de la máquina destino.

En cuanto a la tipología del acceso, la comunicación vía *socket* no es más que una generalización de la comunicación TCP/IP.

Actividades

5. Busque información sobre el modelo OSI (siete capas) y encuentre las similitudes entre este conocido modelo y el TCP/IP (cuatro capas).

4.3. Memoria compartida

Este es el protocolo más sencillo de usar, ya que los clientes se conectan a la instancia del SGBD que se encuentra en el mismo equipo, es decir, el cliente de la base de datos y el SGBD están en la misma máquina, con lo que no hay nada que configurar.

También es cierto que no es muy útil este tipo de acceso: la única utilidad sería probarlo en los casos en los que se produzcan anomalías con otros medios de acceso al SGBD para descartar que el problema sea de los diferentes medios de acceso.

Memoria compartida

SGBD:
* Servidor
* Cliente

4.4. Otros

Existen otras formas de realizar la conexión, como otros protocolos de red como SPP *(Sequenced Packet Protocol), AppleTalk, IPX/SPX,* etc., aunque no son usados normalmente, y muchos SGBD ni siquiera los soportan.

Sin embargo, sí que existe una modificación de la comunicación TCP/IP muy común y que varía sustancialmente la configuración: se trataría de una comunicación TCP/IP con SSH.

En primer lugar habría que definir el protocolo SSH *(Secure Shell)*. Este protocolo tiene un comportamiento similar al protocolo *Telnet:* ambos protocolos se usan para establecer una conexión con un equipo remoto a través de una red de computadores. La principal diferencia entre SSH y *Telnet* es la seguridad, ya que los datos en SSH "viajan" de manera encriptada.

La justificación del uso de SSH surge porque es habitual que las empresas e instituciones usen una máquina o máquinas "frontera" con todos los puertos capados, excepto el puerto donde se encuentra el servicio SSH que por defecto es el puerto 22. Este servidor o máquina tendría acceso al resto de servidores con sus respectivos servicios, pero un cliente externo no podría conectar directamente a ninguno de los servidores que no sea el servidor SSH.

Arquitectura con SSH

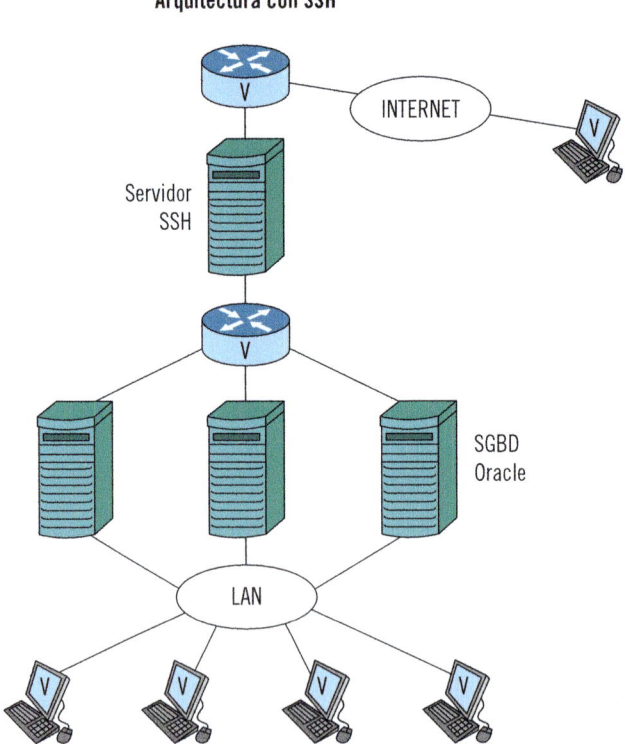

Se observa que el servidor SSH hace de filtro y puente a la conexión del resto de servidores, en otras palabras, el cliente externo no podría conectar directamente con el servidor *Oracle*. Es en este tipo de arquitecturas donde se hace necesario el uso de SSH, en concreto de un túnel SSH que permita poder establecer una conexión con el SGBD *Oracle,* ya que el servidor SSH sí que tiene acceso al puerto donde se encuentra el servicio de *Oracle.*

Definición

Túnel SSH

Es una técnica para transportar un protocolo o servicio encapsulado en otro, y que en muchas ocasiones no podría ser invocado si no fuese encapsulado. También es usado para encriptar protocolos que no lo están.

En el caso de *MySQL, Workbench* habilita un tipo de acceso vía TCP/IP con SSH, pero esto no sucede con la herramienta *SQLPlus* del cliente *Oracle* u otras como *SQLDeveloper* de *Oracle.*

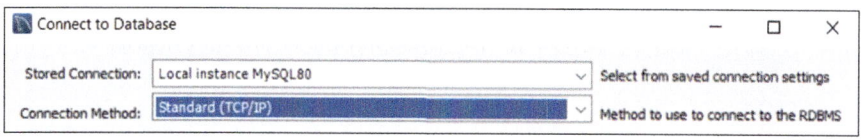

TCP/IP con SSH en MySQL paso 1

La configuración de este tipo de conexión cuenta con dos parámetros más que la estándar de TCP/IP. Se necesitará el nombre del servidor SSH y las credenciales de acceso al servidor SSH.

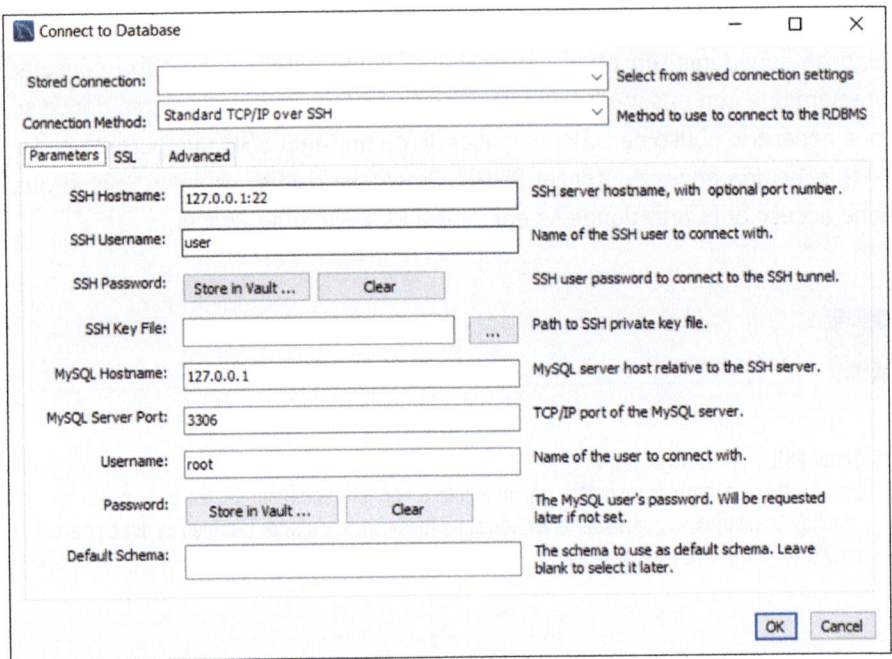

TCP/IP con SSH en MySQL paso 2

Esto sucede con el cliente de *MySQL*, pero, ¿qué ocurre cuando el cliente de base de datos no ofrece este medio de conexión y la arquitectura a la que se accede implementa este modelo con el servidor SSH como servidor frontera? La solución se ha mencionado anteriormente: el túnel SSH. El túnel se puede implementar mediante un cliente SSH que se necesitará en el equipo.

Actividades

6. Indique en qué lugar *MySQL* asigna privilegios a una IP para habilitar el acceso remoto.

Conexión con cliente SSH. Túnel SSH

El primer paso es la instalación de un cliente SSH para facilitar la posterior configuración. Es interesante usar un cliente gráfico SSH. Existen varios aunque quizás uno de los más completos es *Putty* que se puede descargar desde el siguiente enlace: http://www.chiark.greenend.org.uk/~sgtatham/putty/download.html.

Se selecciona la versión adecuada al sistema operativo. Como ejemplo se instalará en un sistema operativo *Microsoft Windows 11*. En el caso de *Linux* el proceso sería totalmente análogo. Una vez descargado y ejecutado aparecerá esta primera ventana:

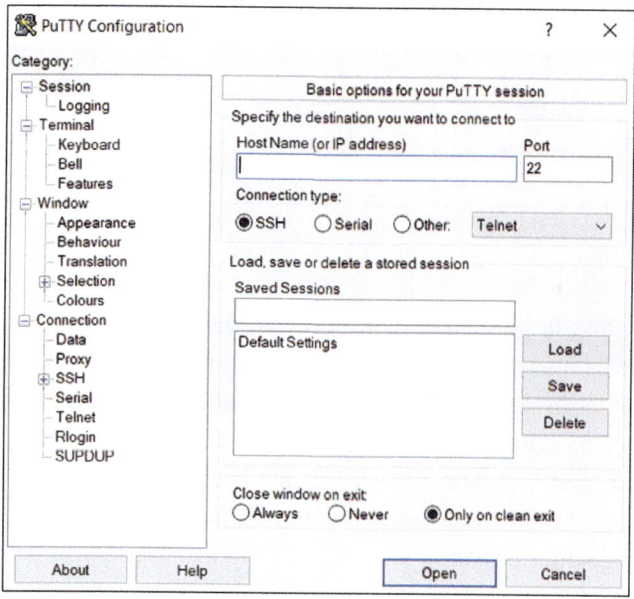

Putty paso 1

En el primer recuadro se introduce el nombre del servidor SSH o su dirección IP, así como el puerto. El tipo de conexión será SSH, lógicamente. También es muy útil almacenar la configuración para futuras conexiones. Esto se puede hacer simplemente escogiendo un nombre en el recuadro **Saved Sessions.**

El siguiente paso sería la configuración del túnel SSH, y para ello hay que acceder a **SSH/Tunnels** del menú lateral.

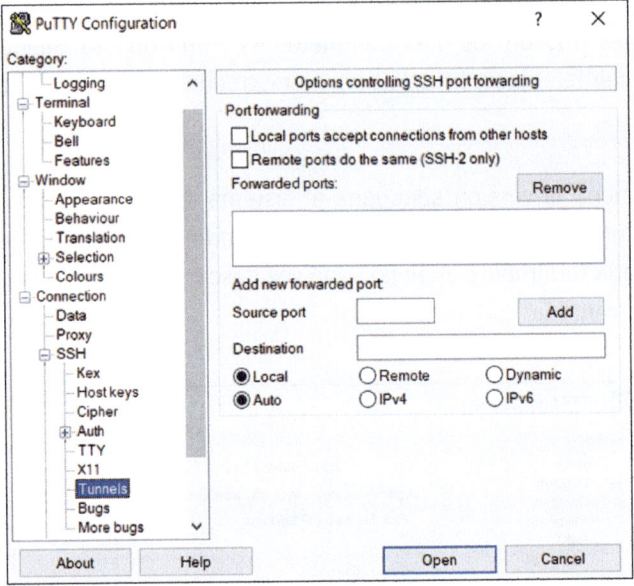

Putty paso 2

Se selecciona la primera opción de **Local ports accept connections other hosts,** que no es más que autorizar que los puertos locales del equipo acepten conexión con otros equipos. Posteriormente se debe escribir en el campo **Destination** el nombre del servidor *Oracle* o IP junto con el puerto, y en el campo **Source port** el puerto del equipo donde se quiere que se encuentre el servicio *Oracle*. Por último se dejan las demás opciones por defecto y se pulsa sobre el botón **Add.**

Finalmente se volvería al menú **Session,** y se pulsaría el botón **Open** para establecer la conexión. Para ello se introducen las credenciales.

Una vez está establecida esa conexión únicamente faltaría conectarse con el cliente *Oracle*.

5. Identificación de los principales elementos que proveen de interoperabilidad al SGBD: ODBC, JDBC, etc.

Cuando se desea realizar la conexión a la base de datos desde el entorno de trabajo de una aplicación es cuando se hace necesario el uso de ciertas bibliotecas como JDBC u ODBC, entre otras.

5.1. JDBC

Es la técnica más usada en los entornos *Java* para el acceso a los SGBD. JDBC define una API de acceso a bases de datos soportando *SQL*. En otras palabras, JDBC permite el uso de sentencias *SQL* introducidas como cadena de caracteres o también una correspondencia directa entre una base de datos relacional y clases *Java*. En este mapeo cada fila de la tabla se convierte en una instancia de la clase (JPA). JPA es una API diseña para *Java* que permite a través del lenguaje JPQL generar/desarrollar/gestionar una base de datos relacional sin la necesidad de la figura de un administrador de base de datos, facilitando en gran medida la capa persistente de un proyecto.

Definición

API

API son las siglas de Application Programming Interface. Se trata de un conjunto de procedimientos, funciones o métodos que se pone a disposición de otro *software* (normalmente como bibliotecas).

JDBC está compuesta por varias interfaces, clases y excepciones, donde se puede destacar:

- La interfaz **Connection:** representa la conexión a la base de datos, y en caso de no estar correctamente establecida no podría haber comunicación entre el SGBD y la aplicación.
- La interfaz **ResultSet:** contiene métodos para acceder a los resultados de una sentencia *SQL* que haya sido ejecutada.
- La interfaz **Statement:** dispone de métodos para poder ejecutar sentencias *SQL.* De estos métodos se destacan:

  - **execute():** es usado para instrucciones *SQL* que devuelven varios elementos o varios ResultSet.
  - **executeQuery():** se utiliza cuando se emplean sentecias SELECT que retornan un único elemento o ResultSet.
  - **executeUpdate():** este método es utilizado con instrucción que no sea de consulta (SELECT).

- La interfaz **PreparedStatement:** es prácticamente igual que la interfaz Statement, salvo que con el uso de esta interfaz se puede precompilar una instrucción *SQL.*
- La clase **DriverManager:** contiene métodos que administran los controladores JDBC disponibles. El método más usado será el getConnection().
- La clase **SQLException:** encapsula los errores que estén relacionados con el acceso al SGBD.

Ejemplo

A continuación se muestra el uso de algunas de estas interfaces.

```java
public class persistenciaAsistente {
    Connection cn =null;

    public void insertar(asistente as){
        try{
            String sql = "Insert into asistente va
            lues(?,?,?,?,?,?,?,?,?,?,?)"; cn = (Connection)
            Conexion.getConexion();

            PreparedStatement stm = (PreparedStatement)
            cn.prepareStatement(sql);
            stm.setString(1,as.getDni());
            System.out.println(as.getDni());
            stm.setString(2,as.getnombre());
            stm.setString(3,as.getApellido_1());
            stm.setString(4,as.getApellido_2());
            stm.setString(5,as.getTlf());
            stm.setString(6,as.getDireccion());
            stm.setString(7,as.getPais());
            stm.setString(8,as.getProvincia());
            stm.setString(9,as.getCiudad());
            stm.setString(10,as.getmail());
            stm.setString(11,as.getActividad());
            stm.excute();

        }catch(Exception ex){
            System.out.println(ex.getMessage());
        }
    }
}
```

PreparedStatement JDBC

Continúa en página siguiente >>

<< Viene de página anterior

Se observa cómo se crea la sentencia SQL de tipo String. Se ejecuta prepareStatement(sql) y se van cargando los diferentes datos del INSERT hasta finalmente ejecutarlo con stm. execute(). Todo dentro de un try-catch para capturar las posibles excepciones.

Antes de ejecutar nada se debe establecer la conexión. En el ejemplo se realiza con el uso del método getConexión(), método propio del programa que se estaba desarrollando, más adelante se detallará cómo se realiza la conexión con la base de datos.

El primer paso para configurar una conexión con la base de datos sería cargar el driver del SGBD que interese. Para ello se usa el método **Class.forName().** A continuación se muestran algunos ejemplos del uso de este método:

- Class.forName("com.MySQL.jdbc.Driver").
- Class.forName("oracle.jdbc.OracleDriver").
- Class.forName("com.microsoft.sqlserver.jdbc.SQLServerDriver").

Una vez cargado el driver adecuado, el siguiente paso sería establecer la conexión con la base de datos. Para ello se emplea el método **getConnection()** de la clase **DriverManager.** Este método recibe como parámetro la URL, además del usuario y contraseña para acceder a la base de datos. La URL tiene la siguiente estructura: ***protocolo:subprotocolo:nombreBaseDeDatos,*** pero si el acceso es remoto el nombreBaseDeDatos tendría la siguiente estructura: ***///host:puerto/NombreBaseDeDatos.***

Un ejemplo de URL podría ser: ***"jdbc:mysql://NombreHost:Puerto/NombreBaseDeDatos".***

Finalmente, un ejemplo completo con el método ***getConnection() sería: DriverManager.getConnection("jdbc:mysql://NombreHost:Puerto/NombreBaseDeDatos", NombreUsuario, Contraseña).***

Ejemplo

Un ejemplo de la configuración de una conexión podría ser el mostrado en la siguiente imagen:

```java
public class Connection {

    protected static Conection conn=null;
    static Connection c;
    static String bd = "congreso";
    static String login = "admin";
    static String pwd = "admin";
    static String url = "jdbc:mysql://localhost/" + bd;

    protected Conexion() throws ClassNotFoundException; SQLEx
    ception; InstantiationException, IllegalAccessException {
        Class.forName("com.mysql.jdbc.Driver").newInstance();
        c = DriverManager.getConnection(url, login, pwd);

    }

    public static Connection getConexion() throws
    ClassNotFoundException, SQLException,
    InstantiationException, IllegalAccessException {
        if (conn == null) {
            conn = new Conexion();
        }
        return c;

    }
}
```

Conexión JDBC

En este caso se ha procedido a crear una clase Conexion() propia dentro del entorno de desarrollo. Obviando consideraciones del lenguaje Java, los detalles destacados del ejemplo son la definición de la URL, y la carga del driver de *MySQL,* así como la ejecución del método getConnection().

Actividades

7. Explique cómo se cierra una conexión en JDBC.
8. Indique qué es y para qué sirve el puente JDBC-ODBC.

5.2. ODBC

Es un estándar de acceso a bases de datos. ODBC son las siglas de *Open Database Connectivity,* y fue desarrollado por *SQL Access Group* a principios de la década de los 90. JDBC es realmente un *software* derivado de ODBC, pero específico para *Java.*

En definitiva, la API ODBC gestiona la posibilidad de poder establecer una conexión con el SGBD y que este se "entienda" con la aplicación que se esté desarrollando, de manera que si la aplicación cambia de SGBD en un futuro, simplemente habría que cambiar el *driver* ODBC y no la parte de persistencia de la aplicación.

Al igual que JDBC, existen *drivers* para muchos SGBD. ODBC tiene una mayor amplitud ofreciendo *drivers* para prácticamente la totalidad de los SGBD, entre ellos:

- Oracle.
- SQL Server.
- MySQL.
- PostgreSQL.
- Access.

A diferencia de JDBC, ODBC está desarrollado en el lenguaje de programación C, distinto del lenguaje *Java* empleado en JDBC, por lo que en lugar de métodos o interfaces está compuesto de procedimientos con el lógico uso de punteros. Esto tiene como consecuencia que no es recomendable usar ODBC para aplicaciones *Java,* ya que se pierde robustez o seguridad en ello. Por lo demás, la funcionalidad es muy similar.

A continuación se procederá a la instalación de ODBC para *MySQL* sobre un sistema operativo *Microsoft Windows 11.* En el caso de *Linux* el proceso sería totalmente análogo: el primer paso sería descargar el *software* (en concreto se ha seleccionado la versión 8.4.0). En la instalación aparecerá esta primera ventana:

Instalación ODBC paso 1

En la siguiente ventana se acepta la licencia y posteriormente se selecciona la instalación **Typical.** En pocos segundos quedará instalado el *software.*

Una vez instalado se accede al administrador ODBC y se selecciona el controlador apropiado (menú **DNS** de **Sistema/agregar),** apareciendo una ventana similar a esta:

Instalación ODBC paso 2

Una vez elegido el controlador apropiado, en este caso *MySQL,* habría que introducir los datos de acceso al SGBD, y por último conectar la aplicación a la base de datos con el uso del *driver,* y de manera muy similar a como se realizaba para JDBC.

Instalación ODBC paso 3

A continuación se realiza una prueba en el propio equipo, de ahí que el servidor sea **localhost** y el puerto por defecto **3306.** En el siguiente ejemplo se muestra el código necesario para realizar la conexión y realizar una consulta.

Ejemplo

Se establece conexión a "prueba" con las credenciales introducidas anteriormente. Se puede observar que es bastante similar a JDBC:

```php
<?php

$dsn = "prueba";
$usuario = "root";
$clave="root";

$c=odbc_connect($dsn, $usuario, $clave);

if (!$c){
        exit("ERROR DE CONEXIÓN");
}

$sql="SELECT * FROM autores";

$resultado=odbc_exec($c,$sql);
print odbc_result_all($resultado);

?>
```

Conexión ODBC

Una vez se establece la conexión se ejecuta la sentencia SELECT con un procedimiento similar a *execute()* de JDBC, y por último se muestran los resultados con *odbc_result_all.*

Actividades

9. Analice el acceso remoto a un SGBD que no sea *MySQL* ni *Oracle*.
10. Busque información sobre el modelo OSI (7 capas) y encuentre las similitudes entre este conocido modelo y el TCP/IP (4 capas).

5.3. Otros

Además de ODBC y JDBC existen muchos otras API que facilitan la interacción de las aplicaciones con las bases de datos. Se puede destacar:

- **ADO.NET:** es considerado una evolución de ADO *(ActiveX Data Objects).* Es un conjunto de clases que pertenecen a .NET *(Microsoft).* Puede ser empleado tanto en bases de datos relaciones como no relaciones.
- **JPA:** *Java Persistence API.* Fue desarrollada para *Java.* Además de definir una API para la interacción con la base de datos, JPA define un lenguaje JPQL y facilita el mapeo objeto-relacional. Básicamente, a través de la información del propio desarrollo *Java* se obtiene el diseño de la base de datos de manera automática.
- **OLE DB:** *Object Linking and Embedding for Databases.* Desarrollada por *Microsoft.* Proporciona acceso a prácticamente cualquier almacén de datos.
- **XQuery:** está diseñado para colecciones de datos XML.

 **Aplicación práctica**

La aplicación *Java* necesita conectarse a un SGBD *Oracle*. ¿Qué *software* usaría para poder realizar dicha conexión y poder escribir sentencias *SQL*? Escriba las funciones, métodos o procedimientos necesarios para establecer la conexión de un servidor *Oracle* que se encuentra en sgbdoracle.com, puerto 1522, usuario: test, contraseña: pswd y base de datos: orcl.

SOLUCIÓN

Dado que se trata de una aplicación Java, lo más coherente sería usar el conector de JDBC, y los métodos necesarios para establecer la conexión serían:

I **Class.forName**("com.oracle.jdbc.Driver").newInstance();
I static Connection c = **DriverManager.getConnection(**
I "jdbc:oracle://sgbdoracle.com:1522/orcl", "test", "pswd");

6. Resumen

Como se ha podido observar la instalación de un cliente de base de datos es mucho más simple de instalar y configurar que el SGBD. Como era de esperar, no obstante, son varios los detalles a tener en cuenta, como el "tnsnames" en el caso de *Oracle* y el hecho de tener autorizada la IP cliente en el caso de *MySQL*.

También es fundamental conocer la arquitectura de la red a la que se accede, sobre todo si se accede como usuario administrador de la base de datos: es muy común encontrarse con servidores que hacen de filtro o servidor frontera con el resto de servidores donde se encuentra el SGBD.

La arquitectura más común para el acceso remoto es la de cliente/servidor, usando como método de acceso el modelo TCP/IP dado el amplio y extendido uso del protocolo IP (internet), aunque existen otros métodos que, al menos, se recomienda conocer (*socket* o memoria compartida).

Por último cabe decir que no todos los accesos al SGBD se producen para la administración o consultas varias. Una parte clave es el hecho de que las diferentes aplicaciones puedan conectarse evitando acoplamiento alguno en la conexión a la base de datos, utilizando para ello ciertas API que aportan esta interoperabilidad, como pueden ser JDBC en el caso de aplicaciones *Java* y ODBC, padre de JDBC, para el resto.

Ejercicios de repaso y autoevaluación

1. ¿Qué método y qué interfaz de JDBC se usa para consultas SQL que devuelven un único valor o elemento?

_____

_____

2. ¿Es necesario configurar el tnsnames.ora para establecer una correcta conexión con un SGBD Oracle? Justifique la respuesta.

_____

_____

3. ¿Cuál de los siguientes parámetros no forma parte del tnsnames.ora?

    a. ADDRESS.
    b. HOST.
    c. TCP.
    d. SERVICE_NAME.

4. ¿Cuál son los puertos por defecto en MySQL y Oracle?

_____

_____

5. Indique cuál de los siguientes métodos no pertenece a la interfaz Statement de JDBC.

    a. execute().
    b. executeUpdate().
    c. getConnection().
    d. executeQuery().

6. Existe un método de acceso a los SGBD donde el SGBD y el cliente se encuentran en el mismo equipo, y además no es necesario prácticamente ningún tipo de configuración. ¿De qué medio se está hablando?

_____

_____

7. ¿Para qué es usado el método execute() de JDBC?

_____

_____

8. Complete los espacios libres de la siguiente oración.

Para comprobar la correcta configuración del _____ se puede ejecutar desde la consola, terminal o símbolo del sistema de Windows la siguiente instrucción: _____.

9. ¿En qué ruta se ubica el tnsnames.ora en sistemas operativos Microsoft Windows?

_____

_____

10. ¿Dónde se decide si un cliente Oracle usará el tnsnames para la conexión?

_____

_____

11. ¿Qué datos se necesitan si se va a realizar una conexión con un SGBD pasando antes por un servidor SSH?

_____

_____

12. Relacione cada una de los siguientes lenguajes con la API adecuada para la interacción con las bases de datos.

    a. C.
    b. JAVA.
    c. C++.

    ___ JDBC.
    ___ ODBC.

13. ¿Por qué puede ser útil el uso del método preparedStatement en lugar de Statement?

_____
_____
_____
_____

14. ¿Cuál de los siguientes protocolos no pertenece a TCP/IP?

    a. ARP.
    b. SSH.
    c. ICMP.
    d. UDP.

15. De las siguientes afirmaciones indique cuál es verdadera o falsa.

    a. El modelo OSI y el modelo TCP/IP tienen las mismas capas.

        ☐ Verdadero
        ☐ Falso

    b. MySQL Workbench incluye directamente el método de conexión TCP/IP con SSH.

        ☐ Verdadero
        ☐ Falso

c. Además del driver adecuado, para la conexión con una base de datos desde una aplicación Java con el uso de JDBC es necesario la URL, y las credenciales de acceso.

☐ Verdadero
☐ Falso

Bibliografía

Monografías

CONNOLLY, T. M., BEGG, C. E.: *Sistemas de bases de datos.* Madrid: Pearson Addison Wesley, 2018.

DATE, C. J.: *Introducción a los sistemas de bases de datos.* Madrid: Prentice Hall, 2008.

SILBERSCHATZ, A, KORTH, H: *Fundamentos de bases de datos.* Madrid: McGraw-Hill, 2014.

Textos electrónicos, bases de datos y programas informáticos

Historia del *DataBase Management System,* de:
<https://agenciab12.mx/noticia/historia-database-management-system>.

Introducción al sistema gestor de base de datos (SGBD), de:
<https://www.ionos.com/es-us/digitalguide/hosting/cuestiones-tecnicas/sistema-gestor-de-base-de-datos-sgbd/#:~:text=Ejemplos%20de%20SGBD%3A%20sistemas%20m%C3%A1s%20populares,-De%20entre%20los&text=Microsoft%20Access%20(relacional),Oracle%20Database%20(relacional)>.

Introducción al sistema gestor de base de datos (SGBD), de: <https://www.ionos.es/digitalguide/hosting/cuestiones-tecnicas/sistema-gestor-de-base-de-datos-sgbd/>.

MySQL 8.4 Reference Manual, de: <https://dev.mysql.com/doc/refman/8.4/en/>.

▌Oracle 11g Doc., de: <http://docs.oracle.com/cd/B28359_01/index.htm>.

▌Oracle España, de: <http://www.oracle.com/es/index.html>.

▌The INFORMATION_SCHEMA TABLES Table, de:
  <https://dev.mysql.com/doc/refman/8.4/en/information-schema-tables-table.html>.